U0540901

做自己的律师

丛书主编/韩文生

以案说法

——刑事纠纷法律指引

李晓 主编

中国言实出版社

图书在版编目(CIP)数据

以案说法：刑事纠纷法律指引 / 李晓主编.
北京：中国言实出版社, 2024. 11. --（做自己的律师 / 韩文生主编）. -- ISBN 978-7-5171-4972-9

Ⅰ. D924.05

中国国家版本馆CIP数据核字第2024AX7886号

以案说法——刑事纠纷法律指引

责任编辑：王战星
责任校对：代青霞

出版发行：中国言实出版社	
地　　址：	北京市朝阳区北苑路180号加利大厦5号楼105室
邮　　编：	100101
编辑部：	北京市海淀区花园北路35号院9号楼302室
邮　　编：	100083
电　　话：	010-64924853（总编室）　010-64924716（发行部）
网　　址：	www.zgyscbs.cn　电子邮箱：zgyscbs@263.net

经　　销：	新华书店
印　　刷：	北京温林源印刷有限公司
版　　次：	2024年11月第1版　2024年11月第1次印刷
规　　格：	880毫米×1230毫米　1/32　7.75印张
字　　数：	180千字

定　　价：	68.00元
书　　号：	ISBN 978-7-5171-4972-9

丛书编委会

主　任

韩文生

副主任

许身健

编委（以姓氏笔画排序）

丁亚琪　乌　兰　刘　涛　刘炫麟
刘智慧　苏　宇　李　晓　李　琳
范　伟　赵　霞　臧德胜

本书编委会

主　编

李　晓

撰稿人（以姓氏笔画排序）

于天淼　于靖民　刘立杰　齐晓伶

李　晓　何宝明　张　涛　陈　明

程光耀　臧德胜

总　序

在建设法治中国这一波澜壮阔的历史征程中，每个公民不仅是其辉煌历程的见证人，更是积极参与、奋力推动其前行的中坚力量。面对法治时代的召唤，我们如何自处？答案既简单又深远：既要成为遵纪守法的模范公民，又要勇于并善于拿起法律武器，捍卫自身合法权益。这一使命，可概括为以下四个方面：

一是树立法治意识。这是心灵深处的法律灯塔，照亮公民对法律的认知之路。它不仅是对法律规则的敬畏与尊重，更是内化为日常行为的自觉遵循，其强弱直接关系到法治社会的建设成效。

二是培养法治思维。这是开启法律智慧大门的钥匙，引领我们从法治的视角审视世界、解决问题，是推动社会公正与和谐的重要力量。

三是提升法治能力。这不仅是具备从法律视角发现问题、分析问题、解决问题的能力，还体现在能够依法处理各类法律事务上。随着国家治理体系和治理能力现代化的完善和推进，法治能力是每个公民不可或缺的技能。

四是依法维护自身合法权益。法律，是公民权利的守护神。

在权益受到侵害时，我们不应选择沉默或妥协，而应勇敢地拿起法律武器，捍卫自己的尊严与权益。通过学习法律知识，了解法律程序，我们能够更加自信地面对挑战，确保自己的合法权益不受侵犯。

这套"做自己的律师"丛书，正是基于这样的理念与使命而诞生。它汇聚了我们身边一些常见的、真实的、典型的法律案例，通过深入解析，全方位、多角度地满足读者学习法律的需求。

丛书共9册，包括婚姻家庭继承、侵权、消费者权益保护、物权、合同、公司、劳动、刑事、行政等法律领域，为读者提供了全面而深入的法律指引。

我坚信，这套丛书将成为每位公民提升法治意识、培养法治思维、增强法治能力、依法维护自身合法权益的得力助手。书中丰富的案例，如同明灯一般，为读者提供可借鉴、可参考的解决方案，让法律不再是遥不可及的概念，而是触手可及、切实可行的行动指南。

我深信，当您细细品读本套丛书之时，定能更深刻地领悟法律之精髓，体会法治之真谛。在这一过程中，您将获得法律知识的全面滋养，清晰界定自己在法律框架中的位置，明确自身权利、义务与责任，从而在面对生活与工作的种种情境时，能够更加自信、有力地捍卫自己的合法权益。

本套丛书的作者群体包括中国政法大学的专家、学者和司法实践经验丰富的律师、法官等。尽管每位成员的工作均极为繁重，但他们以法律普及为己任，不辞辛劳，甘愿牺牲个人休息时间，夜以继日，只为将法律的精髓与智慧凝结成册，按期呈现给广大读者。在此，特向他们致以衷心的感谢！

本套丛书不仅对社会大众读者广有裨益，而且对从事立法、行政执法、司法、纪检监察、律师、公证、基层法律服务、法学教研、政府机关、社区、村民自治等相关工作的人士同样具有重要参考价值。

愿法律与您同在，愿法治与您同行！

韩文生

中国政法大学法硕学院党委书记

前 言

习近平总书记强调："法律是治国之重器，法治是国家治理体系和治理能力的重要依托。"在全面依法治国、建设社会主义法治国家的新时代，社会矛盾纠纷化解必须依靠法治、依靠人民，不断提升立法、执法、司法水平，不断增强人民群众的法律意识。

刑法作为一国法律体系中的后置法、保障法，其调整的社会生活领域涉及方方面面，可以说，某一领域的法律纠纷严重到一定程度，运用民事、行政等法律手段不足以调整规制时，都会涉及刑法规范的运用和调整。因此，刑法不仅与国家安定、社会稳定紧密相连，更与人民群众的日常生活息息相关。广大人民群众应在日常生活中增强刑事法律意识，做到不触犯刑法规定，积极运用刑法规范预防刑事风险，敢于同犯罪行为做斗争，避免受到犯罪侵害。

为了增强人民群众刑事法律意识，预防并解决刑事法律纠纷，我们组织经验丰富的专家学者、刑事律师编写了本书。本书精心选取常见的 40 多个刑事案例，以通俗易懂的语言，通过专家解读和专家建议的形式，向广大读者解读刑事法律，并传授预防之策。

本书所选的案例涉及面广，涵盖了危害公共安全罪，破坏社会主义市场经济秩序罪，侵犯公民人身权利、民主权利罪，侵犯财产罪，妨害社会管理秩序罪，贪污贿赂罪，渎职罪等7大类40余个常见罪名，具有较强的针对性和实用性。

本书由各撰稿人完成初稿后，由主编统一修改定稿。由于水平有限，书中错漏之处在所难免，恳请广大读者批评指正，我们将不断修正和完善。

本书编委会

2024年3月19日

目 录

一、危害公共安全罪

"醉"上加罪 / 2

"暴恐视频"不可传 / 7

军事爱好合法，非法持枪涉刑 / 12

酒驾后欲盖弥彰，法网疏而不漏 / 17

"车闹"危险大，乘车需文明 / 21

二、破坏社会主义市场经济秩序罪

"食"刻警惕，依法护"胃" / 26

故意销毁会计账簿可能构成犯罪 / 31

民企也要反腐 / 36

华尔街之"牢"：别被欲望吞噬 / 41

虚开发票不可取，切勿贪图小便宜 / 46

玩具易仿，但别乱仿 / 50

合规投标，共创良好市场 / 54

是诈骗，还是民事欺诈？ / 58

直播虽好，但不可荐股 / 62

土地的使用权不可随意转让 / 67

三、侵犯公民人身权利、民主权利罪

路边"鲜花"不要采，入罪铁窗独徘徊 / 72

"民间送养"可能构成犯罪 / 76

出售个人信息，面临牢狱之灾 / 80

买卖手机号码，可能涉及犯罪 / 85

面对回馈小礼品，切莫因小失大 / 88

"全国范围找车"也犯法 / 92

已婚者在国外与他人结婚，警惕犯重婚罪 / 98

事实婚姻可能构成重婚罪 / 102

四、侵犯财产罪

盗窃被察竟动手，转化抢劫罪加等 / 108

捡到手机不归还，道德有亏涉盗窃 / 113

自助结账超市窃取商品属于犯罪吗 / 117

想当网红？别被 MCN 机构骗了！ / 122

警惕"身边人"的诈骗 / 127

"借钱不还"什么情况下构成诈骗罪 / 131

反向刷单：聪明反被聪明误 / 136

劳动报酬受刑法保护 / 140

五、妨害社会管理秩序罪

谨防网络犯罪，莫入"帮信"陷阱 / 146

辩称银行卡、电话卡丢失，看司法机关如何采信 / 151

"网络键盘侠"也犯罪？ / 155

小心二元期权投资成赌博 / 160

通过虚假诉讼转移财产可"刑"吗 / 164

打"假官司"惹"真麻烦" / 168

做老赖？当心触犯拒不执行判决、裁定罪！ / 173

非法买卖象牙制品，获刑 / 177

受保护的"野树"不能采！ / 183

制毒被判死刑，新精神活性物质为何物 / 189

六、贪污贿赂罪

没有获得非法财物，为什么仍是受贿 / 194

利用自己的影响力也可能构成犯罪 / 198

单位行贿同样受处罚 / 202

私分国有资产？还是共同贪污？ / 207

七、渎职罪

谨防职权滥用构成犯罪 / 214

负责负到底,过失也酿祸 / 218

权力不可任性,徇私枉法必受制裁 / 222

维护司法公正,杜绝枉法裁判 / 226

一、危害公共安全罪

"醉"上加罪

近些年,随着国家对醉驾长期的严厉打击,老百姓基本形成了"开车不喝酒"的观念。产生此观念的深层逻辑是"如果因为喝酒驾车被抓了,会有很严重的后果"。但是,也有部分人为躲避醉驾严重后果,怀着侥幸心理,做出了"三十六计跑为上"的错误选择。

一、案例简介

(一)基本案情

2021年,被告人苏某酒后驾车途经一个路口时,发现交警正设卡夜查。为了逃避交警的追捕,苏某不顾交通规则,沿路倒车、逆行,并违反交通信号灯指令,导致路上汽车和行人紧急躲避。在驾驶过程中,与被害人齐某驾驶的白色小客车发生碰撞后仍继续行驶,随后又与被害人郭某停放在路边的黑色小客车发生碰撞,最终在被警车逼停后被抓获。

经检测,苏某的血液酒精含量为104.2毫克/100毫升。碰撞导致齐某汽车损失约15075元,郭某汽车损失约2056元。事发后,被告人苏某的家属代为赔偿了两位被害人的经济损失,并取得了他们的谅解。

(二)法院裁决

一审法院认为,在案证据足以证实,苏某醉酒后驾驶机动车为逃避公安机关检查，倒车逆向行驶，在路口违反交通信号灯驾驶，待撞上第一辆车后仍不顾民警阻拦、制止，执意继续倒车逆向行驶，引发路上车辆、行人紧急躲避，直至继续撞上第二辆车后无法继续行驶方被抓获。苏某的上述行为不但对沿途不特定多数人的生命财产安全造成威胁，且已经造成现实危害，其行为符合以危险方法危害公共安全罪的犯罪构成要件。被告人苏某醉酒后在道路上驾驶机动车，其行为已构成危险驾驶罪，依法应予惩处。苏某为逃避检查，不顾阻拦、制止，驾驶机动车执意倒车逆向、违反交通信号灯逃跑，以危险方法危害公共安全，虽未造成严重后果，但已构成以危险方法危害公共安全罪，应与其所犯危险驾驶罪并罚。人民法院判决苏某犯以危险方法危害公共安全罪，判处有期徒刑3年6个月；犯危险驾驶罪，判处拘役1个月，并处罚金人民币2000元；决定执行有期徒刑3年6个月，并处罚金人民币2000元。[1]

宣判后，被告人不服提出上诉。二审法院裁定驳回上诉，维持原判。

二、以案说法

（一）醉驾逃逸为什么可能危害公共安全

以危险方法危害公共安全罪是指故意使用除放火、决水、爆炸、投放危险物质之外的其他危险方法，对公共安全进行危害的犯罪行为，属于重罪。相对于其他罪名的分则条文而言，《中华人民共和国刑法》第一百一十四条对以危险方法危害公共安全罪的规定较为独特。因此，对于此罪的认定必须依赖对放火、决水、

---

[1] 详情可参见（2021）京0107刑初359号刑事判决书。

爆炸与投放危险物质等行为方式的理解与把握，必须参照放火、决水、爆炸与投放危险物质等行为的客观性质进行实质判断危险。为防止此罪成为一种泛化的罪名，关键在于对其实施行为进行尽可能准确的界定。具体到本案中，就是醉驾逃逸是否可能导致多数人重伤、死亡或者使公私财物遭受重大损失。也表现为，一旦行为发生，如果无法立即控制结果，可能会短暂而迅速扩大或者增加被害人范围。

在本案中，根据监控录像、证人证言、书证、鉴定意见以及被告人苏某的供述等证据，可以确认苏某醉酒后驾驶机动车，并采取了倒车逆向驾驶、违反交通信号灯驾驶等危险方法。由于逆向行驶，苏某与正常方向行驶的车辆产生叠加速度，尽管事情发生在晚上11点左右，但路口仍有行人和车流。苏某在逃避检查过程中，采取了极端的逃逸行为，导致车辆紧急躲避，并在撞击第一辆车后，仍然无视民警的阻拦，执意继续倒车逆向行驶，直至与第二辆车相撞并被抓获。这种行为不仅对沿途不特定多数人的生命和财产安全构成威胁，而且足以构成对公共安全的高度危险，已经造成了实际危害。故苏某的行为符合危害公共安全的标准。

（二）放任的间接故意会不会引发本罪

在实践中，这类案件通常表现为对危险行为持放任态度，属于间接故意。例如，本案中苏某为逃避醉驾处罚而采取危险驾驶等手段。对于以危险方法危害公共安全罪的主观判断而言，本罪中行为人需有两个方面的认识：第一，自己的行为具有危害公共安全的性质，且危害性与放火等行为相当。第二，其行为对公共安全具体产生了危险，即认识到行为可能对不特定人的生命、身体等造成危险。

在本案中，被告人苏某在供述中表示因为刚获假释以及特赦不久，不想因醉驾再受处罚，因此执意逃避交警检查，并声称车辆性能、刹车均正常，自己已尽到充分注意义务，不会发生严重危险。然而，认定是否存在故意应该结合具体案件中的客观情况进行综合考察，不能仅以行为人的自述作为唯一依据。苏某在刚开始为逃避检查而倒车逆向驾驶时，即便按照其所说的可以控制车辆，也应该意识到其醉酒后的危险驾驶行为可能导致损害的发生。然而，在倒车逃跑并在撞上第一辆车时，就应当足以意识到自己已经醉酒，属于非正常驾驶，实际上已不具备安全操控车辆的能力。苏某在这个时候如果继续驾驶，就可能对不特定人的生命、身体等造成进一步的危险。然而，被告人在应当知道会造成不特定危险后，仍不顾民警的阻拦执意继续倒车逆向行驶，并未积极采取措施避免危害结果发生，让路上车辆、行人紧急躲避，直到继续撞上第二辆车后无法再继续行驶时才被抓获。基于以上，本案可以认定苏某已经认识到其行为产生的具体公共危险，且其主观心态属于出于放任的间接故意。

三、专家建议

"酒驾醉驾，害人害己。"以逆行撞车等手段逃避交警检查不仅无法避免交警检查，反而醉上加"罪"，对个人、社会产生了极大危害。这种逃避责任的行为不仅违反社会公德更违背了法律法规。在道路上，每个人都有责任保障自己和他人的安全。酒后驾驶本身已经是一种对生命和财产的威胁，而采取逆行撞车等手段，不仅无助于解决问题，反而会导致更严重的交通事故。

四、关联法条

《中华人民共和国刑法》第一百一十四条、第一百三十三条第一款。

"暴恐视频"不可传

有人因猎奇、逞能，甚至无知的原因，对于从未见过的"暴恐视频"通过微信等即时通信工具随手转发、传播，只觉"有趣""刺激"。殊不知，这种转发、传播的行为，一方面，为恐怖主义、极端主义提供了快速扩散、广泛传播的便利途径，另一方面，也给自己和其他人带来了涉及刑事犯罪特别是"暴恐"犯罪的重大刑事风险。

一、案例简介

（一）基本案情

2018年5月24日17时许，被告人刘某通过微信，将一段"暴恐视频"转发至微信群"×××亮晶晶"（群成员11人）；当日18时许，被告人陈某从该微信群获取该视频，并私信转发给被告人李某某；同年5月25日23时许，被告人李某某通过微信，将该视频转发至微信群"×××交流群"（群成员391人）。经查，该视频内容涉及宣扬恐怖主义和极端主义，含有以极度血腥残忍手段危害他人生命的内容。

（二）法院裁判

法院认为，被告人刘某、陈某、李某某在手机微信内通过发布"暴恐视频"的方式宣扬恐怖主义、极端主义，其行为均已触犯《中华人民共和国刑法》（以下简称《刑法》）第一百二十条第三款,犯罪事实清楚,证据确实、充分,公诉机关的指控成立,应分别以"宣扬恐怖主义、极端主义罪"追究其刑事责任。鉴于被告人刘某、李某某具有自首情节,被告人陈某传播的范围有限,以及3名被告人的犯罪情节轻微,且均具有悔罪表现,经法院审判委员会讨论决定,认定3名被告人构成犯罪,但可分别免予刑事处罚。据此,判决刘某、陈某、李某某犯宣扬恐怖主义、极端主义罪,免予刑事处罚。

二、以案说法

本案的争议焦点主要集中于两个方面:第一,什么是"宣扬恐怖主义、极端主义罪"?第二,如何把握本罪的入罪标准?

(一)什么是"宣扬恐怖主义、极端主义罪"

"宣扬恐怖主义、极端主义罪"是《中华人民共和国刑法修正案(九)》第七条增加的罪名。根据《刑法》第一百二十条第三款的规定,"宣扬恐怖主义、极端主义罪"是指以制作、散发宣扬恐怖主义、极端主义的图书、音频视频资料或者其他物品,或者通过讲授、发布信息等方式宣扬恐怖主义、极端主义的行为。

依据《中华人民共和国反恐怖主义法》的定义,恐怖主义是指通过暴力、破坏、恐吓等手段,制造社会恐慌、危害公共安全、侵犯人身财产,或者胁迫国家机关、国际组织,以实现其政治、意识形态等目的的主张和行为;而极端主义则是恐怖主义的思想基础,主要表现为以歪曲宗教教义或者其他方法煽动仇恨、煽动歧视、鼓吹暴力等主张和行为。根据最高人民法院、最高人民检察院、公安部、司法部发布的《关于办理恐怖活动和极端主义犯罪案件适用法律若干问题的意见》,实施下列行为之一,即属于宣扬恐怖主义、极端主义或者煽动实施恐怖活动:1.编写、出版、印刷、复制、发行、散发、播放载有宣扬恐怖主义、极端主义内容的图书、报刊、文稿、图片或者音频视频资料的；2.设计、生产、制作、销售、租赁、运输、托运、寄递、散发、展示带有宣扬恐怖主义、极端主义内容的标识、标志、服饰、旗帜、徽章、器物、纪念品等物品的；3.利用网站、网页、论坛、博客、微博客、网盘、即时通信、通讯群组、聊天室等网络平台、网络应用服务等登载、张贴、复制、发送、播放、演示载有恐怖主义、极端主义内容的图书、报刊、文稿、图片或者音频视频资料的；4.网站、网页、论坛、博客、微博客、网盘、即时通信、通讯群组、聊天室等网络平台、网络应用服务的建立、开办、经营、管理者，明知他人利用网络平台、网络应用服务散布、宣扬恐怖主义、极端主义内容，经相关行政主管部门处罚后仍允许或者放任他人发布的；5.利用教经、讲经、解经、学经、婚礼、葬礼、纪念、聚会和文体活动等宣扬恐怖主义、极端主义、煽动实施恐怖活动的；6.其他宣扬恐怖主义、极端主义、煽动实施恐怖活动的行为。

本案中，3名被告人明知该视频系恐怖主义、极端主义宣传品，还通过微信故意进行传播和散布，其行为符合"利用网站、网页、论坛、博客、微博客、网盘、即时通信、通讯群组、聊天室等网络平台、网络应用服务等登载、张贴、复制、发送、播放、演示载有恐怖主义、极端主义内容的图书、报刊、文稿、图片或者音频视频资料"，成立本罪。

（二）如何把握"宣扬恐怖主义、极端主义罪"的入罪标准

恐怖主义和极端主义，通过暴力、破坏、恐吓等手段，严重危害国家安全和公共安全，必须予以严惩，因此相关法律法规并没有将"情节严重"设置为入罪门槛，也没有对"传播数量""影响范围""危害后果"做出规定。严格来说，只要实施了"宣扬恐怖主义、极端主义"的行为即成立本罪。

关于传播数量。本案中，3名被告人仅传播了一部涉恐视频，即已入罪。案涉视频含有恐怖组织以极度血腥残忍的手段危害他人生命的内容，具有极强煽动性、示范性和暴力性，属于典型的暴力恐怖视频，危害程度较大。因此，仅传播一部涉恐视频也可以成立犯罪。

关于传播对象。本案中，被告人刘某、李某某的传播对象和传播平台是微信群及多人，而被告人陈某的传播对象仅李某某一人，但最终仍被认定为犯罪。一般来说，微信"一对一"传播客观上具有私密性，李某某是否还将视频向外传播，或者自行挪作他用，都是李某某的个人行为，被告人陈某无法掌控，也不应负责。但是，由于涉恐犯罪社会危害性极大，在实践中是以"从严打击"为原则，且陈某将涉恐视频传播给李某某后，无法保证李某某不会将视频进一步传播，也未就防止视频扩散做出过任何行为，对李某某的散布行为具有概括的故意，因此，法院最终仍认定陈某成立本罪。

三、专家建议

恐怖主义和极端主义，通过暴力、破坏、恐吓等手段严重危害国家安全和公共安全，社会危害性极大。在实践中，对于涉恐犯罪通常以"从严打击"为原则。社会公众常常认为，涉恐犯罪距离自己很远，从而缺乏基本的敏感度和守法意识。但事实上，由于涉恐犯罪具有不同于一般犯罪的社会危害性，所以立法、司法也就对涉恐犯罪行为保持了高压态势和较低的容忍度。

在日常生活中，应当注意：第一，涉恐犯罪不同于一般犯罪，社会危害性大，查处力度高，一旦遇到涉及恐怖主义和极端主义的图书、视频、言论，要立即提高敏感性，自觉抵制，谨言慎行；第二，克制自身猎奇心理，严守日常行为边界，面对血腥、暴力图文、视频，做到不扩散、不传播、不评论，从自身做起，净化网络环境；第三，加强学习，深入贯彻社会主义核心价值观，坚守意识形态阵地。

四、关联法条

《中华人民共和国刑法》第一百二十条之三；《中华人民共和国反恐怖主义法》第三条；《最高人民法院、最高人民检察院、公安部、司法部关于办理恐怖活动和极端主义犯罪案件适用法律若干问题的意见》。

军事爱好合法，非法持枪涉刑

我国对枪支是严格管制的，任何单位和个人不得非法持有、私藏、制造、买卖、运输、邮寄、储存枪支、弹药以及爆炸物。而军事爱好者们是个不小的群体，他们痴迷于各种先进的武器装备，包括各类枪支，有的人甚至会花钱去合法开设的靶场体验真枪射击。军事爱好本身是合法且充满正能量的，但如果为了兴趣爱好，实施非法持枪等行为，则将涉嫌刑事犯罪。

一、案例简介

（一）基本案情

2020年7月28日，公安机关接到线索后在被告人邓某某的居住地内，起获邓某某持有的11支枪状物，经鉴定有5支枪口比动能大于1.8焦耳/平方厘米（分别为2.25焦耳/平方厘米、1.83焦耳/平方厘米、2.61焦耳/平方厘米、2.18焦耳/平方厘米、2.31焦耳/平方厘米），符合以压缩气体为动力枪支的认定标准。上述物品及被告人邓某某持有的手机1部均扣押在案。被告人邓某某被公安机关抓获归案。[1]

（二）法院裁决

被告人邓某某违反枪支管理规定，非法持有枪支，其行为已

---

[1] 详情可参见（2021）京0105刑初2339号刑事判决书。

经触犯刑法，构成非法持有枪支罪，依法应予惩处。鉴于邓某某主要是基于个人爱好非法持有枪支，且枪支枪口比动能均相对不高，到案后如实供述犯罪行为，自愿认罪认罚，有明显的认罪悔罪表现，法院对其所犯罪行予以从轻处罚，依法以非法持有枪支罪判处被告人邓某某有期徒刑1年，缓刑1年；在案之枪状物11支及手机1部，依法予以没收。

二、以案说法

《中华人民共和国刑法》（以下简称《刑法》）第一百二十八条的规定，违反枪支管理规定，非法持有、私藏枪支、弹药的，处3年以下有期徒刑、拘役或者管制；情节严重的，处3年以上7年以下有期徒刑。可以看出，该罪的构成要件非常简单，只要没有取得合法配枪的资格，持有枪支即构成犯罪，如果是军人、警察等依法配枪的特定人员，但违反枪支管理规定，私自藏匿枪支，也构成本罪。在涉枪案件中，认定的关键在于是否拥有枪支。

（一）枪支的定义

根据常人的理解，枪支应该是指使用火药动力、威力巨大的军用制式步枪、手枪、冲锋枪、机枪等。但根据《中华人民共和国枪支管理法》（以下简称《枪支管理法》）第四十六条的规定，枪支的定义是指以火药或者压缩气体等为动力，利用管状器具发射金属弹丸或者其他物质，足以致人伤亡或者丧失知觉的各种枪支。

在司法实践中，根据最高法2001年《关于审理非法制造、买卖、运输枪支、弹药、爆炸物等刑事案件具体应用法律若干问题的解释》的相关规定，枪支不仅包括制式的军用枪支，也包括以火药为动力发射枪弹的非军用枪支，以及以压缩气体等为动力的其他非军用枪支。此处的非军用枪支，在实践中有着非常多样的体现，出现了各式各样的气枪、火药动力的射钉枪等，当前还有一些被改装的"火柴枪"被认定为枪支。在认定物品是否属于枪支时，主要从两个层面进行考察。

第一个层面，先判断物品是否符合枪支的技术原理。根据《枪支管理法》的上述定义，枪支是以一定的动力，通过管状物发射金属弹丸等物质。这里的动力，目前的技术手段主要有化学动能和物理动能，前者是通过引燃火药等化学物质实现，后者主要是通过气瓶、弹簧、电机等形成压缩气体，通过压缩气体的瞬间释放产生动能。随着技术的进步，电磁动力的枪支等武器在未来可能也将成为现实。在具备动力的情况下，就可以使用圆钢管等管状物发射金属弹丸或其他材质的物体。

第二个层面，符合枪支技术原理的物品是否具备一定的杀伤力。枪支之所以被严格管制，就是因为其杀伤力巨大，对公共安全形成巨大威胁。在认定枪支标准时，有一个广为人知的标准即枪口比动能1.8焦耳。这一认定标准来源于2010年公安部发布的《公安机关涉案枪支弹药性能鉴定工作规定》，其中规定："对不能发射制式弹药的非制式枪支，按照《枪支致伤力的法庭科学鉴定判据》的规定，当所发射弹丸的枪口比动能大于等于1.8焦耳/平方厘米时，一律认定为枪支。"虽然该标准备受争议，但其仍是现行有效的法定标准，符合枪支技术原理的枪状物在专业鉴定机构的鉴定之下，枪口比动能大于或等于1.8焦耳/平方厘米时，即应认定为枪支。

（二）非法持有枪支的具体认定

在办理涉枪刑事案件中，除了极为关键的枪支属性问题之外，还应考察行为人的主观故意和客观行为。

主观方面，行为人应当明知是枪支而持有。对于军事爱好者而言，在充分掌握武器知识的情况下，对于枪支的认知是非常清楚的，火药动力或压缩气体动力的枪支均具备较强的杀伤力，显然是属于枪支的范畴。但如果行为人基于案件的特殊背景等情况，无法认识到是枪支，而是当作小孩的玩具枪来持有，则应从主观故意层面进行出罪处理。

客观方面，行为人持有枪支的数量关乎其定罪量刑。根据《关于审理非法制造、买卖、运输枪支、弹药、爆炸物等刑事案件具体应用法律若干问题的解释》第五条的规定，非法持有军用枪支或以火药为动力发射枪弹的非军用枪支1支即可入罪，但非法持有以压缩气体等动力的其他非军用枪支需达到2支以上才入罪。

（三）非法持有枪支与非法买卖枪支的区别

在涉枪支案件中，非法持有枪支和非法买卖枪支是最为常见的罪名。需要注意的是，两个罪名的法定刑相差甚大。根据《刑法》第一百二十五条的规定，非法买卖枪支的，处3年以上10年以下有期徒刑，情节严重的，处10年以上有期徒刑、无期徒刑或者死刑。实践中，大部分案件的行为人所持有的枪支，均是购买所得，如果案件证据能够充分证明其购买行为，则应择一重罪处理，以非法买卖枪支罪进行判处，但如果案件证据无法证明，则只能评价其持有枪支的行为，以非法持有枪支罪定罪处罚。

（四）当前涉枪案件的政策导向

2018年，最高法、最高检发布《关于涉以压缩气体为动力的枪支、气枪铅弹刑事案件定罪量刑问题的批复》，对于涉压缩气体动力且枪口比动能较低的枪支案件，在决定是否追究刑事责任以及如何裁量刑罚时，主张不仅应当考虑涉案枪支的数量，而且应当充分考虑涉案枪支的外观、材质、发射物、购买场所和渠道、价格、用途、致伤力大小、是否易于通过改制提升致伤力,以及行为人的主观认知、动机目的、一贯表现、违法所得、是否规避调查等情节,综合评价社会危害性,坚持主客观相统一,确保罪责刑相适应。

该规定体现了司法机关当前对于轻微涉气枪案件的政策导向,即在定案过程中不能只考虑枪支数量,还要充分考察案件的全部事实、情节,全面评估案件的社会危害性,坚持法理情的统一,避免刑罚的过度适用。

三、专家建议

枪支等武器,向来是力量的象征。玩具枪更是很多人小时候的最爱。对于军事爱好者而言,对国防和军事装备的关注与爱好应该值得肯定,但切记不能为此铤而走险,去购买、持有具备一定杀伤力的气枪甚至火药枪。哪怕当前对于轻微涉气枪案件的处理更加轻缓,但也会面临不可控的刑事犯罪风险。

四、关联法条

《中华人民共和国刑法》第一百二十八条、第一百二十五条;《中华人民共和国枪支管理法》第四十六条;《关于审理非法制造、买卖、运输枪支、弹药、爆炸物等刑事案件具体应用法律若干问题的解释》。

酒驾后欲盖弥彰，法网疏而不漏

2011年5月1日起施行的《中华人民共和国刑法修正案（八）》新增了危险驾驶罪，将在道路上醉酒驾驶机动车的情形规定为犯罪，可以判处拘役刑并处罚金。现实中，部分醉酒驾车的人容易产生侥幸心理，认为民警查车是小概率事件，自己不会那么"点儿背"被查；而在即将面临查处时，有些人又因害怕被刑事处罚而"耍小聪明"，试图通过在被查处现场再次饮酒等方式迷惑、干扰执法机关，从而逃避法律的制裁。殊不知，这种"耍小聪明"的行为却让其失去了从宽处罚的机会，反而得不偿失了。

一、案例简介

（一）基本案情

2023年5月25日16时许，被告人石某某酒后驾驶一辆小型客车行驶至某村口洗车，因停车问题与保安发生纠纷，保安随后报警。为掩盖自己之前酒后驾车的行为，被告人石某某在知道对方报警后即到附近商店购买鸡尾酒饮用，民警到达现场后将其查获。经检验，被告人石某某血液中酒精含量为313毫克/100毫升。[①]

[①] 详情可参见（2023）京0114刑初1001号刑事判决书。

（二）法院裁决

一审法院认为，被告人石某某明知他人报警后又饮酒，系为逃避法律追究，在呼气酒精含量检测和抽取血样前又饮酒。经检验，石某某血液酒精含量达到醉酒标准，应当认定为醉酒。被告人石某某在道路上醉酒驾驶机动车，其行为已经构成危险驾驶罪，依法应予惩处。被告人石某某在庭审中表示自愿认罪认罚，酌予对其从轻处罚。故被告人石某某犯危险驾驶罪，判处拘役4个月，并处罚金人民币6000元。

二、以案说法

（一）什么是危险驾驶罪

《中华人民共和国刑法》第一百三十三条之一规定："在道路上驾驶机动车，有下列情形之一的，处拘役，并处罚金：1.追逐竞驶，情节恶劣的；2.醉酒驾驶机动车的；3.从事校车业务或者旅客运输，严重超过额定乘员载客，或者严重超过规定时速行驶的；4.违反危险化学品安全管理规定运输危险化学品，危及公共安全的。机动车所有人、管理人对前款第（三）项、第（四）项行为负有直接责任的，依照前款的规定处罚。"

上述情形均是危险驾驶罪的具体表现，在现实生活及司法实践当中，醉酒驾驶机动车的情形最为常见，那么，醉酒驾驶的标准是什么呢？根据《最高人民法院、最高人民检察院、公安部、司法部关于办理醉酒危险驾驶刑事案件的意见》（以下简称《意见》）第四条之规定："在道路上驾驶机动车，经呼气酒精含量检测，显示血液酒精含量达到80毫克/100毫升以上的，公安机关应当依照刑事诉讼法和本意见的规定决定是否立案。""公安机关应当及时提取犯罪嫌疑人血液样本送检。认定犯罪嫌疑人是否醉酒，主要以血液酒精含量鉴定意见作为依据。"由此可见，认定行为人是否醉酒，应以其血液酒精含量为依据，当事人血液酒精含量超过80毫克/100毫升，即已经达到了刑事处罚标准。

（二）行为人饮酒后驾驶机动车，在等待处理过程中"再次饮酒"，以致血液中酒精含量达到构罪标准，应当如何认定？

《意见》第四条第四款明确规定："犯罪嫌疑人在公安机关依法检查时或者发生道路交通事故后，为逃避法律追究，在呼气酒精含量检测或者提取血液样本前故意饮酒的，可以以查获后血液酒精含量鉴定意见作为认定其醉酒的依据。"

行为人的主观心态隐藏于其内心，只能通过其外部行为表现、语言和其他证据等进行综合判断。在本案中，石某某在洗车处与保安发生冲突，在明知保安报警后才前往附近超市购买酒精制品并饮用，其行为充分表明了其知道警察发现其酒后驾车有可能产生的不利后果，因此，石某某试图以"再次饮酒"的方式掩盖其此前饮酒的事实，逃避法律追究的主观目的明显。

当然，如果行为人"再次饮酒"的行为系被动发生或者行为人饮用时不知是酒精制品，那么其"再次饮酒"的行为就并非出于故意，则无法推定行为人有掩盖此前饮酒的想法，也就不能认定行为人具有"为逃避法律追究"的主观目的。

醉驾入刑以及上述《意见》的目的在于遏制、减少犯罪，有力保障人民群众的生命财产安全。本案中，被告人石某某虽然明知他人报警之后并未逃匿，但是其"再次饮用酒精制品"掩盖先前饮酒事实的行为说明其并无悔改之意，依法不能认定为自首，就此失去了可能构成自首、依法可以从轻、减轻处罚的机会。

三、专家建议

道路千万条,安全第一条。酒后驾驶害人害己,杜绝酒驾才是正途,万万不可抱有侥幸心理。在面临交警检查或醉驾发生交通事故等待处理时,务必做到听从指挥、配合调查,不要为了逃避处罚"耍小聪明",让自己错上加错。

四、关联法条

《中华人民共和国刑法》第一百三十三条之一;《最高人民法院、最高人民检察院、公安部、司法部关于办理醉酒危险驾驶刑事案件的意见》第四条。

"车闹"危险大，乘车需文明

近年来，因为停靠站点、收费、车载空调等小事引发的公共交通工具上的"车闹"事件时有发生。辱骂、拉扯、殴打公交驾驶员，抢夺驾驶员方向盘等行为干扰、妨害公共交通工具的正常行驶，有造成车辆毁损、人员伤亡的现实危险，危及公共安全。

一、案例简介

（一）基本案情

2020年8月11日下午，被告人吴某搭乘公交车回家。17时许，在该公交车途经桐庐县瑶琳镇林场站时，吴某未到站而提前刷卡，公交车驾驶员要求其下车或补刷卡，双方发生争执。后在公交车已经起步行驶的情况下，吴某不顾全车10人的安危，用右手拉拽公交车方向盘，致使车辆行驶方向发生偏离，驾驶员赖某采取紧急制动措施停车。在车辆继续起步往前行驶过程中，吴某取出随身携带的摄像机对驾驶员赖某进行拍摄。为了拍摄的全面性，又用右手拉拽驾驶员面部佩戴的口罩，驾驶员再次采取制动措施停车后，吴某下车离开。案发后，被告人吴某主动至公安机关投案。[①]

[①] 详情可参见刑事审判参考第1476号"吴某妨害安全驾驶案"。

（二）法院判决

被告人吴某在公共交通工具行驶过程中抢夺方向盘、拉拽驾驶员佩戴口罩，干扰公共交通工具正常行驶，危及公共安全，其行为已构成妨害安全驾驶罪。吴某犯罪后主动投案并如实供述犯罪事实，系自首，予以从轻处罚。吴某自愿认罪认罚，酌情予以从宽处罚。据此，依照《中华人民共和国刑法》（以下简称《刑法》）第一百三十三条之二第一款，第六十七条第一款，第七十二条第一款、第三款，第七十三条第一款、第三款，第五十二条之规定，认定被告人吴某犯妨害安全驾驶罪，判处拘役3个月，缓刑3个月，并处罚金人民币2000元。

二、以案说法

《刑法》第一百三十三条之二第一款规定："对行驶中的公共交通工具的驾驶人员使用暴力或者抢控驾驶操纵装置，干扰公共交通工具正常行驶，危及公共安全的，处一年以下有期徒刑、拘役或者管制，并处或者单处罚金。"

本案的争议焦点为：如何准确认定在公共交通工具行驶过程中抢夺方向盘等妨害安全驾驶行为的性质？

（一）如何界定"行驶中的公共交通工具"

对于"公共交通工具"的理解，参考2019年最高人民法院、最高人民检察院、公安部发布的《关于依法惩治妨害公共交通工具安全驾驶违法犯罪行为的指导意见》，是指公共汽车、公路客运车，大、中型出租车等车辆。

对于"行驶中"，是相对于车辆熄火"停止"状态而言，即车辆处于行进状态。而车辆处于即停即开的"暂停"状态时，如等红绿灯、上下乘客时，此时车辆并未熄火，而是处于刹车状态，是否属于妨害安全驾驶罪中的"行驶中"？对公共交通工具的安全驾驶实施的妨害，往往伴随着导致车辆滑行或者妨害行为持续至车辆行进的情形，因此，只要车辆尚未熄火处于即开即停状态，法院通常也认为是"行驶中"。

本案中被告人吴某的妨害行为均发生于公交车已经起步行驶的状态下，显然符合"行驶中的公共交通工具"。

（二）是否只有乘客可以构成妨害安全驾驶罪

妨害安全驾驶罪的行为主体，不属于身份犯，即并不限于乘客和驾驶人员，车外临时上车人员或者在车外实施了影响对公共交通工具正常行驶的妨害行为，也可能构成本罪。例如在司法实践中，有车外人员捡起路边的砖头砸向正在驾驶的驾驶员，导致公交车驾驶位附近挡风玻璃破裂，法院认定构成妨害安全驾驶罪。本案中，吴某属于公交车乘客，是适格主体。

（三）哪些行为可能构成妨害安全驾驶罪

首先，妨害行为包括使用暴力或者抢控驾驶操纵装置。使用暴力的情形具体体现为：撕拽、拍打头部、殴打面部、拍打肩膀、拳头击打、衣服甩打、匕首恐吓、踩脚等，如果只是单纯的辱骂、吵嚷等非身体接触性行为，不足以对驾驶员的安全驾驶产生实质性的妨害，则不属于"使用暴力"的情形。"抢控"行为则具体可细化分为抢夺和控制两种表现形式。

其次，上述妨害行为必须危及公共安全。公共安全一般认为是多数人或者不特定人的生命、健康或重大公私财产利益，因此车内的乘客人数是重要衡量因素之一。构成妨害安全驾驶罪并不要求实际上造成了损害后果，只要求行为人的行为足以导致公共交通工具不能安全行驶，随时可能发生乘客、道路上的行人伤亡或车辆等财产损失的现实危险。

本案中，被告人吴某实施了两次危及公共安全的妨害行为。吴某不顾全车10人的安危，先是用右手拉拽公交车方向盘，导致车辆行驶方向发生偏离，驾驶员采取紧急制动措施停车；车辆继续行驶后又用右手拉拽驾驶员面部佩戴的口罩，导致驾驶员再次采取制动措施停车。因此，吴某的行为构成妨害安全驾驶罪。

三、专家建议

在乘坐公共交通工具时，乘客与驾驶员均应相互尊重、相互理解、相互包容，共同营造文明和谐的乘车环境。公共安全无小事，文明乘车应牢记。任何妨害安全驾驶、严重破坏社会秩序和危害公共安全的行为，都将会受到刑法的制裁。

四、关联法条

《中华人民共和国刑法》第一百三十三条之二第一款；《最高人民法院、最高人民检察院、公安部关于依法惩治妨害公共交通工具安全驾驶违法犯罪行为的指导意见》第一条第七款。

二、破坏社会主义市场经济秩序罪

"食"刻警惕，依法护"胃"

"国以民为本，民以食为天。"由于食品产业准入门槛低，部分从业者为追求高利润，不顾消费者健康，提供不卫生、假冒伪劣、添加剂过量或含有非食品添加剂等不安全食品，使得食品安全问题频发。我国历来高度重视食品安全问题，将其上升到关系国计民生的大事，依法惩处危害食品安全犯罪，坚决筑牢食品安全每一道防线，确保人民群众"舌尖上的安全"。

一、案例简介

（一）基本案情

2020年八九月份以来，被告人周某多次从赵某1（死亡）、赵某2羊场收购病、死羊。周某和其妻子陈某在自己的羊场将病、死羊屠宰，其间陈某的右前臂发生肿胀、溃烂，后确诊为皮肤炭疽病患者。周某将屠宰后的病、死羊的羊头、羊肚销售给被告人赵某、刘某、崔某，刘某、崔某又将羊头、羊肚等物品销售给被告人李某，李某又销售给被告人高某，高某将羊头、羊肚加工后向外出售供人食用。经检验检测，周某的羊场环境样本刀具、案板、狗笼呈炭疽阳性，赵某放羊皮的地方环境拭子呈炭疽阳性，刘某处羊肉检测出致泄大肠埃希氏菌。[1]

---

[1] 详情可参见（2020）冀0627刑初294号刑事判决书。

（二）法院判决

法院经审理认为，被告人周某、陈某、赵某2、赵某、刘某、崔某、李某、高某违反食品安全管理法规，生产、销售不符合安全标准的病死羊，足以造成严重食物中毒。其中，被告人赵某2非法出售病、死羊；被告人周某非法收购病、死羊，并伙同被告人陈某将病、死羊加工成肉制品出售；被告人赵某、刘某、崔某、李某、高某明知可能是病、死羊肉制品而非法贩卖、加工、出售，事实清楚，证据确实、充分，被告人周某、陈某、高某的行为构成生产、销售不符合安全标准的食品罪；被告人刘某、崔某、赵某2、赵某、李某的行为构成销售不符合安全标准的食品罪。依照《中华人民共和国刑法》（以下简称《刑法》）第一百四十三条，判处被告人周某有期徒刑2年10个月，并处罚金人民币1.5万元；被告人陈某有期徒刑2年，并处罚金人民币1万元；被告人刘某有期徒刑1年8个月，并处罚金人民币8000元；被告人崔某有期徒刑1年6个月，并处罚金人民币6000元；被告人李某有期徒刑1年4个月，并处罚金人民币5000元；被告人赵某2有期徒刑1年，并处罚金人民币4000元；被告人赵某有期徒刑1年，并处罚金人民币4000元；被告人高某有期徒刑1年，并处罚金人民币4000元。

二、以案说法

（一）生产、销售不符合安全标准的食品罪的犯罪构成

生产、销售不符合安全标准的食品罪，是指生产、销售不符合安全标准的食品，足以造成严重食物中毒事故或者其他严重食源性疾病的行为。可见，成立该罪须同时具备既生产、销售了不符合安全标准的食品，又达到了足以造成严重食物中毒事故或者

其他严重食源性疾病的程度。

2011年《中华人民共和国刑法修正案（八）》将"卫生标准"修改为"食品安全标准"，该罪罪名也从"生产、销售不符合卫生标准的食品罪"改为"生产、销售不符合安全标准的食品罪"。显然，"安全标准"的外延大于"卫生标准"，意味着《刑法》对食品的要求，除了要清洁卫生，还要对人体安全、无害。

本罪是危险犯，即不需要发生对人体健康的实际损害，只需要有足以造成严重食物中毒事故或者其他严重食源性疾病的危险即可成立此罪。如果对人体健康造成实际的严重危害或有其他严重情节，则需升级法定刑幅度进行处罚。那么，司法实务中如何把握"足以造成严重食物中毒事故或者其他严重食源性疾病"？对此，2022年1月1日起施行的《最高人民法院、最高人民检察院关于办理危害食品安全刑事案件适用法律若干问题的解释》（法释〔2021〕24号，以下简称《食品安全解释》）在第一条即以列举的形式作出了明确规定。

另外，《食品安全解释》第五条还规定：在食品生产、销售、运输、贮存等过程中，违反食品安全标准，超限量或者超范围滥用食品添加剂，或者在食用农产品种植、养殖、销售、运输、贮存等过程中，违反食品安全标准，超限量或者超范围滥用添加剂、农药、兽药等，足以造成严重食物中毒事故或者其他严重食源性疾病的，以生产、销售不符合安全标准的食品罪定罪处罚。例如，司法机关办理的大量因在油条中过量使用明矾而被追究生产、销售不符合安全标准的食品罪刑事责任的案件，即是基于《食品安全国家标准食品添加剂使用标准》（GB 2760-2014）中规定，油炸面制品中可适量使用含铝食品添加剂，但产品中铝的残留量不能超过100毫克/千克，超量或超范围使用即触及法律红线。

（二）本罪与生产、销售伪劣产品罪的关系

生产、销售伪劣产品罪，是指生产、销售不符合食品安全标准的食品，无证据证明足以造成严重食物中毒事故或者其他严重食源性疾病，不构成生产、销售不符合安全标准的食品罪。若销售金额达到5万元以上，符合《刑法》第一百四十条规定的生产、销售伪劣产品罪的构成要件时，应按照生产、销售伪劣产品罪定罪处罚。如在畜禽屠宰相关环节，对畜禽注水或者注入其他物质，如果足以造成严重食物中毒事故或者其他严重食源性疾病的，以生产、销售不符合安全标准的食品罪定罪处罚；如果不足以造成严重食物中毒事故或者其他严重食源性疾病，但符合生产、销售伪劣产品罪构成要件的，以生产、销售伪劣产品罪定罪处罚。

另外，如果行为人同时触犯生产、销售不符合安全标准的食品罪和生产、销售伪劣产品罪，须按照重法优于轻法的处理原则，根据犯罪事实和罪名量刑档次，依照处罚较重的罪名定罪处罚。

三、专家建议

食品安全是民生领域的重点问题，关系到千家万户。犯罪行为严重侵害众多消费者合法权益、损害社会公共利益，为了严厉打击此类犯罪，《食品安全解释》对触犯生产、销售不符合安全标准的食品罪规定了一般应当判处生产、销售金额两倍以上的罚金。这意味着行为人不仅要承担严厉的自由刑制裁，还面临着相当严厉的罚金刑制裁。因此，食品生产经营者应当心悬法律利剑，严守法律红线，依法经营、诚信服务，避免在被追究刑事责任时追悔莫及。

四、关联法条

《中华人民共和国刑法》第一百四十三条、第一百四十条、第一百四十九条;《最高人民法院、最高人民检察院关于办理危害食品安全刑事案件适用法律若干问题的解释》(法释〔2021〕24号)。

故意销毁会计账簿可能构成犯罪

在法治社会的严密织网之下,任何企图以隐匿手段逃避法律制裁的行为都将是徒劳无益。法律的威严不容挑战,迷途知返、避免更严重后果的出现,对于犯罪者而言,永远是明智之举。

一、案例简介

(一)基本案情

2016年12月20日,犯罪嫌疑人朱某指使蒋某等人以Z投资有限公司需要对Z双语学校的财务进行审计为由,于2017年3月29日将Z双语学校2003年至2016年间所有会计凭证和账册带走(根据移交清单显示,2003年至2016年的所有财务资料共16箱,内含2003年至2016年度总账明细账本34本,年度发票共计5881本,电脑主机1台)。蒋某伙同张某、孙某将上述账册分两次扔至朱某自建农庄的水塘内进行销毁。2018年7月25日,村民刘某报警称,其在一水塘内发现并打捞出一包Z双语学校的会计账册。时任Z双语学校政教处副主任金某到派出所将会计账册领回,并告知朱某。朱某得知此事后要求蒋某赶紧处理。蒋某遂指使张某、孙某二人将水塘里的水抽干,将之前沉溺的账册重新打捞出水。之后,蒋某将一部分账册拉至土场内进行掩埋,同时安排其弟将剩余账册拉至垃圾站进行销毁。[1]

（二）法院裁决

法院认为，被告人朱某指使他人故意销毁依法应当保存的会计凭证、会计账簿，情节严重；被告人蒋某受被告人朱某指派销毁会计账簿，其积极组织人员实施相关的犯罪活动，被告人张某、孙某受他人指使故意销毁依法应当保存的会计凭证、会计账簿，情节严重，其行为触犯了《中华人民共和国刑法》第一百六十二条之一第一款，犯罪事实清楚，证据确实充分，以故意销毁会计凭证、会计账簿罪判处被告人朱某有期徒刑2年，并处罚金人民币8万元，判处被告人蒋某有期徒刑10个月，并处罚金2万元，判处张某、孙某有期徒刑8个月，并处罚金2万元。

二、以案说法

该案例案情明晰，根据公诉机关指控的事实和案件证据情况，销毁会计凭证、会计账簿共有3个连续的具体的行为：（1）蒋某伙同张某、孙某将上述账册分两次扔至朱某自建农庄的水塘内。（2）蒋某遂指使张某、孙某二人将水塘里的水抽干，将之前沉溺的账册重新打捞出水。（3）蒋某将一部分账册拉至土场内进行掩埋，同时安排其弟将剩余账册拉至垃圾站进行销毁。因此，本案中的关注点为：该案中朱某、蒋某、张某和孙某虽是共同犯罪，但应承担的责任各不相同。

（一）犯罪行为的既遂与未遂认定问题

如前所述，张某、孙某在蒋某的安排下，将上述账册分两次扔至朱某自建农庄的水塘内，后因村民在水塘发现Z双语学校的

---

[1] 详见（2022）皖0522刑初159号刑事判决书。

会计账簿，蒋某指使张某、孙某二人将水塘里的水抽干，将之前沉溺的账册重新打捞出水，此后张某、孙某没有再参与销毁会计账簿的事宜，账簿至此仍然完好，没有灭失和毁损。也就是说，张某和孙某参与的两个行为并没有实现销毁会计凭证、会计账簿的目的，真正实现销毁会计凭证、会计账簿的行为是指控的第3个行为，即蒋某安排其弟将剩余账册进行掩埋和销毁。张某、孙某只参与了前两个行为，对第三个行为不知情，实际上没有起到销毁会计凭证、会计账簿的作用，那么是否可以定性为犯罪未遂？

对此，一审判决书认为，被告人张某、孙某听从蒋某的安排参与销毁账簿，后来虽又将账簿打捞出来，但其目的不是保护账簿，而是事情败露后，掩盖犯罪重新销毁，其结果也是账簿被实际销毁了，张某和孙某的行为是共同犯罪过程中的重要环节。因此，认定张某、孙某的行为不属于犯罪未遂。

在共同犯罪中，各共犯人的行为是相互联系、相互配合的，每个人的行为都与犯罪结果有因果关系。因此，在认定未遂和中止时，需要考虑共同犯罪的整体性和各共犯人之间的相互作用。对于只参与了部分行为的行为人，如果其行为对共同犯罪的完成起到了关键作用，但由于其他原因导致最终犯罪行为未能得逞，可以认定为未遂。如果其在犯罪过程中自动放弃犯罪，且其放弃行为对共同犯罪的完成没有起到关键作用，或者其自动有效地防止了犯罪结果的发生，可以认定为中止。但如果其行为对共同犯罪的完成没有起到关键作用，且没有自动放弃犯罪或有效防止犯罪结果的发生，那么这部分行为人可能无法被单独认定为未遂或中止。

(二)共同犯罪中的主从犯责任承担问题

由于本起事实系朱某授意,蒋某进行积极组织,张某和孙某积极参与。虽然蒋某、张某、孙某等人是因为职务原因听从领导安排处置财务账簿,且都不是专业财务人员,对会计账簿的法律认识不足,但故意毁坏会计账簿、会计凭证罪仅要求行为人能够认识到销毁的东西是会计账簿、会计凭证即可,并不要求行为人准确认识到这是法律规定的犯罪行为。因此,朱某、蒋某、张某和孙某构成共同犯罪。

在共同犯罪中,一般领导、组织、策划,对犯罪行为起到主要作用的行为人为主犯,在犯罪行为中辅助实施犯罪的、起到次要作用的行为人为从犯。虽然张某、孙某为听从指挥安排具体实施,但是因为全程参与了运送账簿并将账簿沉河这一关键事实,法院认为张某和孙某是积极参与,对犯罪仍然起到了主要作用,因此一审判决并未将蒋某、张某、孙某等人作为从犯从轻处罚,但考虑到每个行为人地位、作用的不同,以及蒋某、张某、孙某认罪认罚,相应做出了从轻处罚,判处朱某有期徒刑2年,蒋某有期徒刑10个月,张某、孙某有期徒刑8个月。

三、专家建议

会计账簿是企业财务管理的重要组成部分,它不仅是记录财务往来的工具,更是保障经济秩序和法律责任追究的关键依据。每个公民应强化法律意识,严格遵守法律规定,依法建立会计账簿和保管会计账簿不仅仅是公司管理人员、财务人员的责任和义务,也是所有接触会计账簿的企业员工应当慎重对待的责任与义务。公民应积极维护会计账簿的完整性和真实性,以确保经济活动的合法性和透明性,任何随意处置会计账簿,甚至企图通过销毁账簿来逃避法律责任的行为，都是极其危险和不负责任的。

四、关联法条

《中华人民共和国刑法》第一百六十二条之一第一款；《中华人民共和国刑法》第二十三条、第二十五条。

民企也要反腐

在人们的观念中，贿赂类犯罪只存在于国家机关、国有公司、企事业单位中与权力有关的国家工作人员这一官方群体中，而民营企业即使存在一些好处、回扣、手续费等金钱交易现象，也被认为是行业潜规则，没有上升到刑事风险的认知高度。实际上，非公受贿犯罪一直规定在刑法中，且是司法实务中民营企业犯罪常见罪名，对民营企业的破坏性不可谓不大，直接损失是企业利润被蚕食，隐形损失是市场竞争力退化，必须引起足够重视。

一、案例简介

（一）基本案情

2010年至2017年间，被告人欧阳某某在担任新疆某集团新疆区域公司综合配套部电气主管期间，利用职务便利，为刘某（另案处理）在挂靠具有高压电力工程资质的某电力公司及刘某以某电力公司承揽、施工新疆某集团公司建设项目中高压电力工程等方面提供帮助，并对刘某承揽的供电工程验收工作不履职尽责。2015年至2017年间，刘某及其妻子沈某（另案处理）为感谢欧阳某某提供的帮助，多次以转账方式向被告人欧阳某某及其妻子账户转款共计436万元人民币。2019年8月21日，侦查人员在乌鲁木齐市天山区新疆某集团公司办公室将被告人欧阳某某抓获。经侦查机关委托第三方某管理有限公司对刘某施工的涉案相关电力工程的工程量进行重新审核，认定刘某施工的涉案高压电力工程均不同程度存在验收工程量与现场实际情况偏差过大、虚报工程量等问题。[①]

（二）法院判决

乌鲁木齐市中级人民法院经二审审理认为，2010年至2017年，上诉人欧阳某某作为新疆某集团新疆区域公司综合配套部电气主管期间，利用职务之便，为他人谋取利益，收受刘某好处费436万元，属数额巨大，其行为已构成非国家工作人员受贿罪。上诉人欧阳某某检举他人犯罪并查证属实，有立功表现，可以从轻处罚。原审法院认定事实清楚，定罪准确，对其量刑有期徒刑6年适当；但鉴于本案在二审期间，《中华人民共和国刑法修正案（十一）》生效，根据从旧兼从轻的刑法原则，本院依法予以改判。依照《中华人民共和国刑法》第一百六十三条第一款、第六十八条、第六十四条，《中华人民共和国刑法修正案（十一）》第二十九条，《最高人民法院、最高人民检察院关于办理贪污贿赂刑事案件适用法律若干问题的解释》第十一条之规定，判决上诉人欧阳某某有期徒刑5年，并处罚金人民币15万元；退缴在案的犯罪所得，其中436万元人民币予以没收，并上缴国库；其中15万元用于罚金刑的执行。

二、以案说法

非国家工作人员受贿罪是指公司、企业或者其他单位的工作人员，利用职务上的便利，索取他人财物或者非法收受他人财物，为他人谋取利益，数额较大的行为。

[①] 详情可参见（2021）新01刑终112号二审刑事判决书。

（一）主体要件

本罪的主体是公司、企业或者其他单位工作人员。其中，"其他单位"包括社会团体、村（居）民委员会、村民小组以及其他常设或非常设性组织。需要注意的是，国家机关、国有企业、事业单位中不从事公务的非国家工作人员也可以成为本罪的行为主体。但是，临时为公司从事某项代理业务的行为人，例如在招投标过程中收受贿赂从事代理业务的行为人，因不具备公司、企业或者其他单位工作人员身份，不构成非国家工作人员受贿罪。另外，个体工商户负责人也不具备本罪的犯罪主体资格。

（二）必须利用"职务上的便利"

所谓"职务上的便利"，是指利用主管、经手、管理业务的职务便利。如果是基于工作人员身份，利用工作便利而获得的信息，没有利用职务上的便利直接为他人谋取利益，而是利用其身份从中斡旋，通过第三人的职权为他人谋取利益，虽有收受他人财物的行为，也不符合该罪的构成要件。

另外，"职务便利"应具有现实性，即行为人收受贿赂时所利用的职务必须是行为时现实具有的，不是利用已经离任的过去职务的影响，也不是利用即将到任的职务的影响。

（三）必须"为他人谋取利益"

"为他人谋取利益"包括：实际或者承诺为他人谋取利益的；明知他人有具体请托事项的；履职时未被请托，但事后基于该履职事由收受他人财物的。

（四）必须索取或者非法收受他人财物

包含主动索贿和被动收受贿赂，前者主观恶性大于后者。另外，公司、企业或者其他单位的工作人员在经济往来中，利用职务上的便利，违反国家规定，收受各种名义的回扣、手续费，归个人所有的，成立本罪。需注意《中华人民共和国反不正当竞争法》第七条第二款的规定："经营者在交易活动中，可以以明示方式向交易相对方支付折扣，或者向中间人支付佣金。经营者向交易相对方支付折扣、向中间人支付佣金的，应当如实入账。接受折扣、佣金的经营者也应当如实入账。"可见，此种情况属于接受交易中正常的让利或报酬，不构成受贿。

（五）财物数额较大

2022年5月15日起施行的《最高人民检察院、公安部关于公安机关管辖的刑事案件立案追诉标准的规定（二）》第十条，规定了非国家工作人员受贿罪的立案追诉数额起点为3万元。而此前，根据2016年《最高人民法院、最高人民检察院关于办理贪污贿赂刑事案件适用法律若干问题的解释》的规定，非国家工作人员受贿罪"数额较大"的数额起点为6万元。

三、专家建议

民营企业作为我国经济发展的重要力量，生存殊为不易，既要面对残酷的市场竞争，又要防范内部贪腐。相较于国有企业较为完善的管理制度，民营企业的家族关系、裙带关系更为明显，权力过于集中，"一言堂"现象普遍，管理水平落后，法律意识淡薄，刑事风险暗流涌动。民营企业反腐既要治标，更要治本，要扭转现行粗粝的管理模式，建立完善的反贿赂合规管理体系。

四、关联法条

《中华人民共和国刑法》第一百六十三条；《最高人民法院、

最高人民检察院关于办理贪污贿赂刑事案件适用法律若干问题的解释》(法释〔2016〕9号)第十一条;《最高人民检察院、公安部关于公安机关管辖的刑事案件立案追诉标准的规定(二)》第十条。

华尔街之"牢":别被欲望吞噬

电影《华尔街之狼》中,主人公乔丹游走在法律边缘,通过利用内幕信息进行交易等手段,从穷小子摇身一变为富翁,最终迷失在自己的欲望里。尽管电影的最后乔丹未能逃脱法律的制裁,给观影者以警醒,但现实中仍有人禁不住巨大的经济利益的诱惑,以为自己能逃脱监管部门的视线,利用自己所拥有的信息、资金或职位优势,从事非法交易行为甚至操纵金融市场,损害了广大投资者的合法权益。

一、案例简介

(一)基本案情

2016年10月24日,某土股份公司发布"公司拟筹划购买医药类资产"的重大事项,拟以发行股份及支付现金的方式购买B制药集团有限公司全部股权,估值50亿元。经中国证监会初查认定,该内幕信息敏感期为2016年8月27日至10月21日13时。被告人茹某系某土公司董事长阮某的公公,于10月18日至10月21日期间利用"娄某""钱某""李某""茹某"4个股票账户操作"某土股份"股票。被告人张某系某土公司董事长阮某的小姨。2016年8月间,张某在同亲戚朋友聚会和吃饭的过程中,获悉"某土股份"正在找项目准备并购重组,于是从8月29日开始调集资金,利用"章某"账号频繁买入"某土股份"股票。10月

20日下午，张某在其管理的宾馆内窃听到某土公司董事长阮某和董某、刘某谈论关于公司即将停牌重组的内幕消息，随即于10月21日上午股票停牌前突击买入"某土股份"，并将该内幕信息告知了其妯娌项某，导致项某于10月21日上午突击买入"某土股份"13.45万股。

在"某土股份"股票内幕信息敏感期内，被告人茹某共计净买入1735446股，合计金额人民币28197258元，交易行为明显异常，控制股票账户盈利共计1160919.29元；被告人张某净买入179800股，合计金额人民币2845096元，交易行为明显异常，控制股票账户亏损47294.64元。①

（二）法院裁决

1. 一审判决

一审法院认为，茹某和张某作为内幕信息知情人的近亲属，违反法律规定，利用其非法获取的内幕信息从事证券交易，情节特别严重；张某还将非法获取的内幕信息泄露给他人，导致他人利用该信息从事相关交易，二人均触犯《中华人民共和国刑法》第一百八十条规定。被告人张某在本案中未实际获利，社会危害性较小，且在案发后，主动投案，并如实供述自己的犯罪事实，构成自首，依法可减轻处罚。一审法院以内幕交易罪判处茹某有期徒刑6年，并处罚金120万元；以泄露内幕信息、内幕交易罪判处张某有期徒刑3年，缓刑5年，并处罚金1万元。茹某违法所得1160919.29元予以没收，上缴国库。

2. 终审判决

二审中，茹某自愿认罪并出具了认罪书，兼顾考虑其归案后

---

① 详情可参见（2019）粤刑终1221号刑事判决书。

能稳定供述交易过程，二审法院认为依法可予以从轻处罚，将茹某的有期徒刑调整为5年。

二、以案说法

内幕交易、泄露内幕信息罪的构成要件包括三个方面的要素。

（一）行为主体

本罪的行为主体必须是证券、期货交易内幕信息的知情人员或者非法获取证券、期货交易内幕信息的人员与单位。根据《中华人民共和国证券法》（以下简称《证券法》）第五十二条，证券内幕信息是指证券交易活动中，涉及发行人的经营、财务或者对该发行人证券的市场价格有重大影响的尚未公开的信息，《证券法》第八十条第二款和第八十一条第二款列举的重大事件属于内幕信息。根据《期货交易管理条例》第八十一条，期货交易内幕信息是指可能对期货交易价格产生重大影响的尚未公开的信息，包括：国务院期货监督管理机构以及其他相关部门制定的对期货交易价格可能发生重大影响的政策，期货交易所作出的可能对期货交易价格发生重大影响的决定，期货交易所会员、客户的资金和交易动向以及国务院期货监督管理机构认定的对期货交易价格有显著影响的其他重要信息。

本案中，某土股份公司拟以发行股份及支付现金的方式购买B制药集团有限公司全部股权系公司重大投资行为，能够对"某土股份"的股票价格产生重大影响，属于证券内幕信息。被告人茹某、张某利用其近亲属身份通过窃听等方式获取该内幕信息，属于非法获取证券、期货交易内幕信息的人员。

（二）行为方式

本罪的行为方式表现为，在证券、期货的内幕信息公开前，实施以下行为中的一种或几种：

（1）买入或者卖出该证券；

（2）从事与该内幕信息有关的期货交易；

（3）泄露该信息；

（4）明示、暗示他人从事上述交易活动

本案中被告人茹某、张某在内幕信息公开前，实施了买卖"某土股份"的行为。此外，张某还存在向项某泄露该信息的行为。对于内幕信息的泄露人员或者内幕交易的明示、暗示人员未实际从事内幕交易的，因其违法行为所导致的他人违法所得将影响本人罚金数额的计算。

（三）情节严重

根据《最高人民法院、最高人民检察院关于办理内幕交易、泄露内幕信息刑事案件具体应用法律若干问题的解释》第六条的规定，"情节严重"需具有下列情形之一：

（1）证券交易成交额在50万元以上；

（2）期货交易占用保证金数额在30万元以上；

（3）获利或者避免损失数额在15万元以上；

（4）3次以上；

（5）具有其他严重情节。

除第（3）项以行为人获利数额为标准外，其他情形都以交易行为涉及的数额、次数为标准。因此，即使在利用内幕信息进行交易的过程中没能获利，也存在构成本罪的可能。本案中，张某亏损了47294.64元，但因其交易成交额已达到定罪标准，仍然构成本罪。此外，该解释第七条规定了"情节特别严重"的情形，对符合这些情形的行为人应适用5年以上10年以下的升格法定刑。

三、专家建议

证券市场、期货市场等金融市场搭建了资金流向有发展前景的实体行业的平台,其运行离不开交易规则的确立和金融秩序的维系。利用内幕信息进行非法交易活动的行为将损害金融市场秩序,同时变相损害其他投资者公平参与投资活动的权益。投资者在从事投资活动的过程中,应遵循金融市场的规定,切勿被内幕信息背后潜在的巨大利益蒙蔽了双眼,触犯法律,悔不当初。同时,内幕信息知情人应注意履行保密义务,切勿因自己的一时之失而"引诱"家人、朋友走上犯罪道路。

四、关联法条

《中华人民共和国刑法》第一百八十条;《中华人民共和国证券法》第五十一条、第五十二条、第八十条、第八十一条;《期货交易管理条例》第八十一条;《最高人民法院、最高人民检察院关于办理内幕交易、泄露内幕信息刑事案件具体应用法律若干问题的解释》第二条至第七条、第十条。

虚开发票不可取，切勿贪图小便宜

虚开发票是违法行为，虚假的发票一旦开具，就会损害到国家的发票管理制度，进而影响国家的税收秩序。当虚开发票金额或者情节达到一定程度，会构成虚开发票罪。

一、案例简介

（一）基本案情

被告人晁某于1999年10月成立了汽车装潢有限责任公司，2008年4月变更为西安市二手车经销有限公司，经营范围为二手车经销、电动自行车、摩托车的经销，由晁某担任法定代表人。公司成立后，晁某在二手车交易中为了逃避税款，以1000元至2000元不等的车价，为他人交易的汽车代开二手车交易发票，并按不同车型收取300元、500元、800元的手续费，致使国家税款大量流失。2007年至2012年间，税务机关多次对其经营的公司进行处理。但晁某仍在2012年至2013年间先后为多辆汽车办理过户手续，以公司的名义为他人虚开二手车销售统一发票17份，共涉及交易金额12589078.5元。[1]

---

[1] 详情可参见（2014）陕刑二终字第00098号刑事裁定书。

（二）法院裁决

1. 一审判决

一审法院认为，晁某身为公司负责人，违反国家发票管理规定，为他人虚开增值税专用发票和用于骗取出口退税、抵扣税款发票以外的发票（二手车销售统一发票），虚开金额12570878.5元，情节特别严重，其行为已构成虚开发票罪，依法应予惩处。被告人晁某在接到办案单位电话通知后能自动到案，并如实供述犯罪事实，应认定为自首。判决：被告人晁某犯虚开发票罪，判处有期徒刑2年。

2. 二审裁定

二审法院认为晁某作为公司的法定代表人，在他人的二手车交易过程中多次虚开二手车销售统一发票，虚开金额达12570878.5元的犯罪事实有举报材料，在案的公司虚开的二手车销售统一发票，税务机关情况说明及补缴税款统计表，旧机动车交易协议书、银行转账凭证、车辆清查评估表，证人证言及晁某的供述等证据予以证实，各证据之间能够相互印证，形成证明体系，原判决认定事实清楚，证据确实充分，定罪准确，最终法院裁定：驳回上诉，维持原判。

二、以案说法

（一）本案达到虚开发票罪的入罪标准

虚开发票罪中的"虚开"包括为他人虚开、为自己虚开、让他人为自己虚开、介绍他人虚开发票的行为。本案中晁某作为公司的法定代表人，以1000元至2000元不等的车价，为他人交易的汽车代开二手车交易发票，并按不同车型收取手续费，属于为他人虚开发票的情形。正常交易情况下，行政部门可以通过对发票的检验收集，评判其业务发展，合理收税。但由于晁某虚开了发票，实际上二手车数十万元的成交金额变成了发票上的1000元、2000元，税务部门收取的税额便会随之减少，长此以往，致使国家税款大量流失。

本案中晁某认为一审法院认定的虚开普通发票的数额12570878.5元有误，提出上诉，说明虚开发票的金额在犯罪和量刑的认定上，至关重要。根据《最高人民检察院、公安部关于公安机关管辖的刑事案件立案追诉标准的规定（二）》第五十七条第一款规定，虚开发票金额累计在50万元以上的，应予以立案追诉。在案证据经质证和梳理，证明了西安市二手车经销有限公司2012年6月至2013年5月间先后开出面额为1000元至2000元不等的二手车销售统一发票，涉及交易金额共12589078.5元。因此，晁某虚开发票的数额远大于虚开发票罪的立案标准，其行为达到虚开发票罪的入罪标准。

（二）本案的量刑考量的因素

虚开发票罪的法定刑为"情节严重的，处2年以下有期徒刑、拘役或者管制，并处罚金；情节特别严重的，处2年以上7年以下有期徒刑，并处罚金"。司法实践中，通常认定为虚开金额累计在250万元以上属于"情节特别严重"。本案中，晁某虚开发票金额共12589078.5元的行为显然属于"情节特别严重"，首先考虑判处其2年以上7年以下有期徒刑，并处罚金。一审法院考虑到晁某的自首情节，因此从轻处罚，最终判处晁某有期徒刑2年。二审法院认为原审判决认定事实清楚，证据确实充分，定罪准确，但未对晁某判处罚金不合理，但由于上诉不加刑原则，裁定驳回上诉，维持原判。

(三)虚开发票罪的其他情形

本案属于虚开发票的金额达到追诉立案标准的情形,除此之外,虚开发票100份以上且票面金额在30万元以上的,或是5年内因虚开发票受过刑事处罚或者2次以上行政处罚,又虚开发票,数额达到第(一)、(二)项标准60%以上的,也会构成犯罪。从本质上来说,如果说规定虚开发票的立案追诉金额是对国家直接损失的防范,那么对连续犯罪的规定,或对累犯的特殊规定是对国家法律尊严的维护。当虚开的发票到100份之多时,当虚开发票的行为屡教不改时,法律也无须再对其适用一般的标准。

三、专家建议

虚开发票罪的行为人往往都是由贪图几块钱、几十块钱的利益开始的,到最终虚开千万元的发票,令人唏嘘。日常生活中涉及开具发票的问题时,不论是为了报销,还是按要求提供,一定要注意发票的真实性,确保交易真实发生,且核对数额是否正确。此外,对于虚开发票从中获利的诱惑,一定要坚守自己心中道德的底线,不通过任何形式虚开发票。不要等到被法律尤其是被刑法惩治时,才追悔莫及。

四、关联法条

《中华人民共和国刑法》第二百零五条;《最高人民检察院、公安部关于公安机关管辖的刑事案件立案追诉标准的规定(二)》第五十七条。

玩具易仿，但别乱仿

如今玩具已不再是小孩的专属，越来越多的成年人注重满足自己的情绪需求，愿意为自己所喜爱的动漫角色、卡通形象买单。一些大公司、大企业抓住机会，设计、制造高溢价玩具产品。由于玩具产品通常不具有高技术含量，一些有经验有技术的制造商只要稍加研究，就能生产出类似的甚至一样的玩具，以更低的价格在网络平台上进行销售，分得市场一杯羹。但是，该种仿制行为存在触犯侵犯著作权罪的风险。

一、案例简介

（一）基本案情

2018年起，被告人潘某以营利为目的，制作、出售某工作室股份有限公司享有著作权的"无脸男储蓄罐"美术作品，通过其实际经营的玩具厂生产后销售给他人。经查，潘某以每个21元的价格，已销售2800余个"无脸男储蓄罐"给陈某，违法所得为5万余元。2018年10月24日，民警在潘某的经营地查获待销售的"无脸男储蓄罐"共计3950个。经中国版权保护中心版权鉴定委员会鉴定，上述"无脸男储蓄罐"与某工作室股份有限公司的"无脸男储蓄罐"均构成复制关系。

被告人潘某主动至公安机关投案，到案后如实供述了自己的基本犯罪事实。

公诉机关认为，被告人潘某以营利为目的，制作、出售假冒他人署名的美术作品，违法所得数额较大，其行为触犯了《中华人民共和国刑法》（以下简称《刑法》）第二百一十七条第（五）项，犯罪事实清楚，证据确实、充分，应当以侵犯著作权罪追究其刑事责任。[①]

（二）法院裁决

法院认为被告人潘某以营利为目的，未经著作权人许可，复制发行他人美术作品，违法所得达人民币 5 万余元，属数额较大，其行为已构成侵犯著作权罪，应予处罚。公诉机关的指控成立。被告人潘某某能主动投案并如实供述犯罪事实，系自首，依法可以从轻处罚。被告人潘某某自愿认罪认罚，依法可以从宽处理。

法院最终以侵犯著作权罪判决被告人潘某有期徒刑 1 年，缓刑 1 年，并处罚金人民币 5 万元，违法所得予以追缴，查获的侵权作品予以没收。

二、以案说法

（一）玩具是否属于美术作品

侵犯著作权罪是指自然人或单位以营利为目的，侵犯他人著作权或者与著作权有关的权利，违法所得数额较大或者有其他严重情节的行为，《刑法》第二百一十七条规定了 6 类侵犯著作权的情形。《中华人民共和国著作权法实施条例》第四条第（八）项规定，美术作品是指绘画、书法、雕塑等以线条、色彩或其他方式构成的有审美意义的平面或者立体的造型艺术作品。本案关键在于所涉"无脸男储蓄罐"是否属于美术作品。从表现形式上看，

[①] 详情可参见（2020）沪 0104 刑初 49 号刑事判决书。

"无脸男储蓄罐"系以线条、色彩勾勒出动漫角色无脸男的立体设计。从本质特征上看,《中华人民共和国著作权法》第三条规定,作品是指在文学、艺术和科学领域内具有独创性并能以一定形式表现的智力成果。认定该玩具为美术作品还要求其具有独创性,即该作品需由作者独立完成且属于具有一定程度的智力创造。"无脸男储蓄罐"系某工作室股份有限公司设计的产品,其外观、吞下硬币等设计体现了一定的智力创造,因而具有独创性。因此,潘某未经许可,制作、出售该玩具的行为,属于侵犯著作权的行为。事实上,并非所有的玩具都属于著作权的保护对象,司法实践多采取"接触+实质相似性"的方法进行判断。如果著作权人曾通过某种途径公开过该美术作品,可以推定侵权人曾接触过该作品。对实质相似性的判断则不存在唯一标准,需结合作品的性质具体判断。

(二)入罪标准

并非实施侵犯著作权的行为就成立侵犯著作权罪,入罪还要求以营利为目的,违法所得数额较大或者有其他严重情节。《最高人民法院、最高人民检察院关于办理侵犯知识产权刑事案件具体应用法律若干问题的解释》第五条明确了入罪标准:非法经营数额在5万元以上,或未经著作权人许可,复制发行其文字作品、音乐、电影、电视、录像作品、计算机软件或其他作品,复制品数量合计在1000张(份)以上,或其他严重情节的情形。本案中潘某非法经营数额所得5万余元,已达到数额较大。

(三)与销售侵权复制品罪的关系

销售侵权复制品罪,是指以营利为目的,销售明知是侵权复制品,违法所得数额巨大或者有其他严重情节的行为。行为人实施侵犯著作权的行为后,销售该侵权复制品是生产行为的延续,不具有期待可能性。因此，以营利为目的，生产、制作侵权复制品后又再销售该侵权复制品的，仅以侵犯著作权罪处罚，不再对销售行为另行处罚。生产、制作侵权复制品后又销售其他侵权复制品的，以侵犯著作权罪和销售侵权复制品罪并罚。

三、专家建议

著作权保护是现代社会发展中不可缺少的法律制度，著作权的保护对象范围广泛，会随着社会的发展而继续扩展。产品的技术含量、制造门槛较低并不意味着其不受著作权保护，相反，热销产品的仿制难度越低，侵犯著作权的行为实施越容易，通常侵权行为越高发。了解哪些产品属于著作权的保护对象、哪些行为构成对著作权的侵犯，既可以帮助我们及时意识到他人实施的侵犯自己的著作权的行为，又可以让我们知道法律的界限在何处，以防止因小失大。

四、关联法条

《中华人民共和国刑法》第二百一十七条、第二百一十八条；《最高人民法院、最高人民检察院关于办理侵犯知识产权刑事案件具体应用法律若干问题的解释》第五条、第十四条；《中华人民共和国著作权法》第三条；《中华人民共和国著作权法实施条例》第四条。

合规投标，共创良好市场

市场经济就是法治经济，良好的市场秩序依赖于法律规范发挥应有的作用。招投标是市场经济中重要的活动之一。招投标活动在法治化的轨道内规范运行，起着维护正常市场竞争秩序、提高市场经济运行效率的重要作用。

一、案例简介

（一）基本案情

2017年7月，某市公共资源交易网发布某市县乡道农路提档升级工程招标公告。为承接上述工程，被告人崔某某、吉某、张某某等人通过杨某等人向江西某建设集团有限公司、常熟某工程有限公司（均另案处理）等十余家公司租借资质参与投标。被告人陈某安排他人编制某镇二标段的工程预算报价明细6个、合作镇标段的工程预算报价明细9个，被告人崔某某、吉某、杨某等人根据上述工程预算报价统一安排被告人王某等人制作参与投标公司的商务标，采取相互串通投标报价的方式排挤其他投标人的公平竞争，被告人张某某另负责提供资金、安排参与投标人员食宿等保障服务。后江西某建设集团有限公司以人民币2433.8687万元中标上述工程合作镇标段、常熟某工程有限公司以1508.628159万元中标某镇二标段。被告人杨某、王某从中分别获取违法所得人民币 14.02545 万元、1.05 万元。[①]

（二）法院裁判

法院认为，被告人崔某某、吉某、陈某等人伙同他人相互串通投标报价，损害其他投标人利益，情节严重，其行为已构成串通投标罪，依法应追究刑事责任。公诉机关指控被告人崔某某、吉某、陈某等人犯串通投标罪的事实清楚，证据确实、充分，指控罪名成立。被告人崔某某、吉某、陈某等人伙同他人共同故意实施犯罪，是共同犯罪。被告人崔某某、吉某、陈某、张某某、杨某在共同犯罪中起主要作用，是主犯，应当按照其所参与的全部犯罪处罚。被告人王某在共同犯罪中起次要、辅助作用，系从犯，应当从轻或减轻处罚。被告人崔某某犯串通投标罪，判处有期徒刑 8 个月，缓刑 1 年，并处罚金人民币 8 万元；被告人吉某犯串通投标罪，判处有期徒刑 7 个月，缓刑 1 年，并处罚金人民币 7 万元；被告人陈某犯串通投标罪，判处有期徒刑 7 个月，并处罚金人民币 7 万元；被告人张某某犯串通投标罪，判处有期徒刑 6 个月，缓刑 1 年，并处罚金人民币 7 万元；被告人杨某犯串通投标罪，判处有期徒刑 6 个月，缓刑 1 年，并处罚金人民币 4 万元；被告人王某犯串通投标罪，判处拘役 2 个月，并处罚金人民币 2 万元。

二、以案说法

串通投标罪是指投标者相互串通投标报价，损害招标人或者其他投标人利益，情节严重或者投标者与招标者串通投标，损害国家、集体、公民的合法权益的行为。

[①] 详情可参见（2020）苏 0681 刑初 229 号刑事判决书。

（一）串通投标的两种类型

《刑法》中的串通投标罪与我们一般理解中的串通投标有所不同，串通投标罪分为两种行为类型：一是投标人相互串通投标报价，损害招标人或者其他投标人利益的行为。相互串通投标报价，是指投标人私下串通，联手抬高标价或者压低标价，以损害招标人的利益或者排挤其他投标者、获取不公平的竞争优势；二是投标人与招标人串通投标，损害国家、集体、公民的合法权益。这里的串通投标，则不限于对投标报价的串通，还包括就报价以外的其他事项进行串通。

在本案中，被告人崔某某、吉某、陈某等人借用具有工程建设资质的公司参与投标，并且利用这些公司相互之间统一制作工程预算报价，各行为人之间相互协作，共同实施了投标人之间的串通报价行为，使得其他投标人在不知情的情况下即被排挤出招标活动之中，损害了其他投标人公平竞争的机会，符合本罪的第一种行为类型。

（二）何为情节严重

本罪属于结果犯，在客观方面不仅要求有相应的行为，而且危害行为还需造成一定的危害结果。本罪中投标人之间相互串通投标报价，损害其他投标人利益，要求具备情节严重这一要素，而对于投标人和招标人相互串通损害国家、集体和公民合法权益的行为，因为其侵害的后果重于前一种行为，故并不要求达到情节严重。

《关于公安机关管辖的刑事案件立案追诉标准的规定（二）》第六十八条对于"情节严重"做出了明确规定："投标人相互串通投标报价，或者投标人与招标人串通投标，涉嫌下列情形之一的，应予立案追诉：

1. 损害招标人、投标人或者国家、集体、公民的合法利益，造成直接经济损失数额在50万元以上的；

2. 违法所得数额在10万元以上的；

3. 中标项目金额在200万元以上的；

4. 采取威胁、欺骗或者贿赂等非法手段的；

5. 虽未达到上述数额标准，但两年内因串通投标，受过行政处罚二次以上，又串通投标的；

6. 其他严重情形。"

本案中，经崔某某、吉某、陈某等人合谋串通投标报价，最终分别以2433万余元、1508万余元中标工程项目，其中杨某获取违法所得14万余元，均已达到立案追诉标准，构成串通投标罪。

三、专家建议

建设工程领域中，"串通投标"的行为较为常见，其原因在于大多施工单位缺乏完善的招投标管理制度、参与招投标的工作人员对串通投标的有关法律法规缺乏认识，这不仅损害了其他投标人的合法利益，也破坏了公平竞争的市场环境，从而阻碍经济发展。因此，对于企业来说，应当建立项目招投标制度及保密机制，同时加强对相关工作人员的培训，规范投标行为，避免因自身法律意识淡薄，触犯刑法的高压线。

四、关联法条

《中华人民共和国刑法》第二百二十三条、第二十六条、第二十七条；《关于公安机关管辖的刑事案件立案追诉标准的规定（二）》第六十八条。

是诈骗，还是民事欺诈？

合同诈骗罪是诈骗犯罪在市场经济领域中较为特殊的类型，指行为人以非法占有为目的，在签订、履行合同过程中，骗取对方当事人财物数额较大的行为。合同诈骗犯罪往往具有手段多样、隐蔽性强等特点，极大地损害了相关当事人的经济利益，对市场经济的健康发展十分不利，因此，我们在从事民事行为活动中应当注意避免自身的合法利益受到侵犯。

一、案例简介

（一）基本案情

2019年12月，被告人吴某某在房产中介公司以1万元订金订购了一套挂牌出售的二手房，后向魏某、刘某3母子谎称该房产系夏某实际拥有，魏某只需给夏某好处费50万元并再支付110万元房款，就能换购该房产。2019年12月16日，吴某某在骗取魏某信任后，授意魏某与该房产的实际所有人马某签订购房合同，并让魏某支付19万元定金。当日，吴某某又以给予夏某好处费、支付中介费等名义从魏某处骗得54.2万元。2020年1月22日，吴某某伪造魏某与夏某就上述房产的付款补充合同及夏某印章，谎称自己垫付了30万元购房尾款，后陆续以垫付尾款的名义从魏某处骗取6万元。

2020年3月，魏某收到马某的催款函后得知被骗，向马某支付了15万元的违约金,后报案。2020年5月7日,被告人吴某某被抓获,到案后如实供述了上述犯罪事实。经公安机关查证,被告人吴某某共计骗取魏某一方189.85万元,造成魏某在与马某的房产交易中损失34万元。①

(二)法院裁决

法院认定,被告人吴某某以非法占有为目的,在签订、履行合同的过程中,骗取对方当事人钱款,数额特别巨大,其行为已构成合同诈骗罪,应予处罚。公诉机关指控的犯罪事实清楚,证据确实充分,指控的罪名成立,应当认定合同诈骗罪,被告人吴某某因犯合同诈骗罪,被判处有期徒刑11年,并处罚金人民币10万元。

二、以案说法

本案的争议焦点:吴某某的行为是以非法占有目的的诈骗罪还是不具有非法占有目的的民事欺诈?

(一)民事欺诈定义

在认定民事欺诈时,需要综合考虑以下几个方面:

(1)欺诈的手段和方式:不同的欺诈手段和方式会对被害人的判断产生不同的影响。例如,虚假宣传、误导性陈述等都是常见的欺诈手段。

(2)被害人的主观状态:被害人是否因为欺诈而陷入了错误认识并作出了意思表示是认定民事欺诈的重要因素之一。如果被害人是因为受到欺诈而作出了意思表示,那么就可以认定为民事欺诈。

---

① 详情可参见(2020)沪0113刑初2125号民事判决书。

（3）行为的后果：欺诈行为所造成的后果也是认定民事欺诈的重要依据之一。如果欺诈行为造成了被害人的财产损失或者精神损害，那么就可以认定为民事欺诈。

（4）行为人的主观意图：行为人在实施欺诈行为时是否有非法占有目的也是认定民事欺诈的重要依据之一。如果行为人在实施欺诈行为时有非法占有目的，那么就属于犯罪行为，不属于民事欺诈的范畴。

综上，认定民事欺诈需要考虑多个方面的因素，包括欺诈的手段和方式、被害人的主观状态、行为的后果以及行为人的主观意图等。综合分析这些因素，才能准确区分属于民事欺诈还是合同诈骗罪。

（二）是民事欺诈还是诈骗犯罪，关键看其是否具有非法占有的目的。

民事欺诈与刑事诈骗在客观上都实施了占有他人财物的行为，但是，客观上的占有与行为人主观上是否具有非法占有的目的并不具有必然的对应关系。如果行为人在取得财物时有欺诈行为，只要没有非法占有的目的，不赖账，确实打算偿还的，就仍属于民事纠纷，不应认定为诈骗罪。

根据《中华人民共和国刑法》第二百二十四条、《最高人民法院关于审理非法集资刑事案件具体应用法律若干问题的解释》第七条、《全国法院审理金融犯罪案件工作座谈会纪要》可知，在审查合同诈骗行为人是否具有非法占有目的时，应重点关注行为人的履约能力、履约行为、取得财产后的处置方式、行为人未履约的原因、事后态度等方面，进行综合判断。

本案中，被告人吴某某在其丈夫不知情的情况下与被害人签订协议出售动迁房，在明知不能履行的情况下又以虚假的入户单、告知书继续欺瞒被害人,收取、追加房款。被告吴某某隐瞒已取得动迁安置房的事实、伪造虚假单证及印章,不交付房屋,并继续收取房款的行为,其显然具有明显的非法占有故意。

三、专家建议

合同诈骗罪是一种严重的犯罪行为,不但侵犯了公私财产的所有权,使被害人财物受到损失,而且给社会的诚信机制带来潜在的危害,导致人与人之间出现信任危机。对于防范合同诈骗罪,建议如下:

1. 提高警惕,慎重对待合同:在签订合同前要认真审查对方的主体资格和资信情况,了解其真实身份和履约能力,以免上当受骗。

2. 增强法律意识,依法履行合同义务:在履行合同过程中,要严格遵守法律法规,履行合同约定的义务,避免因违约行为而引发合同诈骗罪。

3. 强化证据意识,保留好相关证据:在签订和履行合同过程中,要妥善保存相关证据,如合同文本、交易记录、沟通记录等,以便在发生纠纷时能够证明自己的权益。

4. 遇到合同诈骗行为,及时向公安机关报案:如果发现对方存在合同诈骗行为,应该及时向公安机关报案,并提供相关证据,以便尽快查明事实,维护自己的合法权益。

四、关联法条

《中华人民共和国刑法》第二百二十四条;《最高人民法院关于审理非法集资刑事案件具体应用法律若干问题的解释》第七条。

直播虽好，但不可荐股

当前，网络直播已经成为各行各业进行宣传推广、营销带货的重要渠道。作为一种新型传播媒介，直播可以实现由点到面的实时传播和互动，且直播内容可谓包容万象。除了常见的主流购物平台、短视频平台在大力发展商品带货直播业务以外，也出现了一些内容营销、知识付费等直播平台。在这其中，就有一些平台通过直播平台讲解炒股知识，甚至是直接在直播过程中向公众推荐股票，提供股票咨询。在没有取得主管部门许可的情况下，擅自经营股票咨询业务，向公众荐股，行为已经涉嫌非法经营罪。

一、案例简介

（一）基本案情

北京某某资讯有限公司于2016年2月成立，经营范围为教育咨询、互联网信息服务、广播电视节目制作等。被告人李某、韩某作为北京某某资讯有限公司的实际负责人，组织公司员工通过线上和线下方式开展股票教育课程销售等主营业务，并在不具备证券投资咨询业务资格的情况下，通过经营微信公众号、直播讲解、发展代理商等方式，非法开展股票推荐、股票咨询等业务，共计收取相关业务款项200余万元人民币。后被告人李某、韩某于 2019 年 7 月被民警查获归案。①

（二）法院裁决

被告人李某、韩某作为公司直接负责的主管人员，违反国家规定，未经国家有关主管部门批准，非法经营证券业务，扰乱市场秩序，情节严重，二被告人行为均已触犯刑法，已构成非法经营罪。法院依法以非法经营罪判处被告人李某有期徒刑 1 年 9 个月，罚金人民币 30 万元；判处被告人韩某有期徒刑 1 年 8 个月，缓刑 2 年，罚金人民币 20 万元。

二、以案说法

根据《中华人民共和国刑法》第二百二十五条的规定，非法经营罪是涵盖了非常多的行为类型，典型的就是未经行政许可，经营证券、期货、支付结算、外汇等金融业务，烟草等专营、专卖物品，以及出版物、电信等特许业务。具体到本案中，则是属于非法经营证券业务的行为。

（一）从事股票推荐、咨询业务应取得行政许可

在我国，证券业务属于特许经营，证券公司和证券服务机构都要接受主管部门的严格监管。根据《中华人民共和国证券法》（以下简称《证券法》）第一百二十条，经国务院证券监督管理机构核准，取得经营证券业务许可证，证券公司可以经营下列部分或者全部证券业务：（1）证券经纪；（2）证券投资咨询；（3）与证券交易、证券投资活动有关的财务顾问；（4）证券承销与保荐；（5）证券融资融券；（6）证券做市交易；（7）证券自营；（8）其他证券业务。由此可见，证券业务主要包含上述 8 大类。其中，证

---

① 详情可参见（2020）京 0105 刑初 767 号刑事判决书。

券承销、证券保荐、证券经纪和证券融资融券业务属于证券公司的专营业务,其他任何单位和个人都不得从事。对于证券公司而言,其必须报请国务院证券监管管理机构即中国证监会核准,取得相应的许可,方能从事这些业务。

在前述8大类证券业务中,证券投资咨询业务包括股票推荐、股票咨询等服务内容,即为股民在投资具体股票过程中提供咨询和推荐。而根据《证券法》第一百六十条,从事证券投资咨询服务业务,应当经国务院证券监督管理机构核准;未经核准,不得为证券的交易及相关活动提供服务。由此可见,从事股票推荐、咨询业务必须报经中国证监会核准后方可进行。

近年来,不少机构和个人在未取得中国证监会核准许可的情况下,擅自开展股票等证券投资咨询业务,对证券市场造成了恶劣影响,引起了监管部门的高度重视。在中共中央办公厅、国务院办公厅2021年7月印发的《关于依法从严打击证券违法活动的意见》中,就专门提出要坚决打击非法证券投资咨询等活动。

(二)非法经营行为的具体认定

在认定非法经营的行为性质时,一方面既要考察其经营业务的内容,另一方面也要评价其经营行为本身。经营业务的内容如果涉及上述特许经营的范围,就必须取得行政主管部门的核准,否则就属于非法业务。而经营行为本身,则要求相关行为具备营利性质,且是有组织性地对业务进行运营和管理的行为,如果只是单纯的个人之间无偿的帮扶行为,则不应认定为经营行为,即便是擅自涉足特许经营活动,也不能认定为非法经营行为。也就是说,只有将非法活动当作经营性质的业务来进行从事,才属于非法经营行为。

因此,企业或个人通过直播等网络媒介向社会公众提供证券投资咨询等有偿服务，即属于非法经营。在本案中，涉案公司在通过微信公众号等方式开展股票教育课程销售等业务的同时，还通过会员捆绑服务、课程捆绑服务等多种营利方式，为会员提供增值服务，在直播和微信群等平台向会员提供优股推荐、各股涨跌咨询等服务，收取相应的费用，其行为应认定为非法经营行为。

（三）非法经营罪的入罪条件

在认定行为性质的基础上，以非法经营罪定罪处罚，还应达到"扰乱市场秩序，情节严重"的程度。在司法实践中，对"扰乱市场秩序，情节严重"的认定标准，一般是依据非法经营数额或违法所得数额，还有的是依据非法经营的商品数量。其中，根据2022年新修订的《最高人民检察院、公安部关于公安机关管辖的刑事案件立案追诉标准的规定（二）》第七十一条的规定，未经国家有关主管部门批准，非法经营证券、期货、保险业务，数额在100万元以上，或者违法所得数额在10万元以上的，应予立案追诉。

因此，行为人违反国家规定，未经中国证监会核准，擅自开展股票推荐、咨询等经营业务，经营数额一旦达到100万元以上，或者营利数额在10万元以上，均可入罪处罚。

三、专家建议

利用网络媒介大范围开展股票推荐、咨询的经营活动，很容易扰乱证券市场的秩序，从而触犯刑法，达到入罪标准，面临刑事处罚。因此，在利益面前，一定要牢记证券活动有着严格的行业监管机制，切莫以身试法。

四、关联法条

《中华人民共和国刑法》第二百二十五条;《中华人民共和国证券法》第一百六十条。

土地的使用权不可随意转让

土地使用权体现在社会生活的方方面面。例如，公益事业用地、城市基础设施用地、国家机关及军事用地、国家重点扶持的基础设施用地的使用权一般以划拨方式取得；城镇住宅用地、商业用地、工业用地和综合用地的使用权多以出让的方式取得；农村的土地、城市郊区的土地、宅基地、自留地和自留山归集体所有，由集体经营。不难看出，土地使用者获得土地使用权时都附带了相应条件，如果土地使用权可以随意转让，会导致接受转让的一方不受相应条件约束，进而会扰乱政府的土地规划，损害国家利益。因此，法律和行政法规严格限制土地使用权的转让。

一、案例简介

（一）基本案情

王某违反土地管理法规，未经过北京市平谷区某镇某村委会同意，未经过镇政府批准，擅自将其所承包的24.28亩土地的使用权，以人民币20万元的价格转让给王某1。经河北省第一测绘院测量，王某1实际用地面积为17亩。经北京市国土资源局平谷分局认定，王某1违法占用农用地17亩的规划用途为基本农田保护区。后王某1在上述土地非法采坑，造成土地种植条件严重毁坏，难以恢复。①

（二）法院裁决

一审法院认为，被告人王某以牟利为目的，非法转让土地使用权，情节特别严重，其行为已构成非法转让土地使用权罪。鉴于被告人王某具有自首情节，故对其依法从轻处罚。判决被告人王某犯非法转让土地使用权罪，判处有期徒刑3年，罚金人民币2万元；追缴被告人王某的违法所得人民币20万元，依法予以没收。

终审裁定认为，原审法院所作出的判决事实清楚，证据确实、充分，定罪和适用法律正确，量刑适当，审判程序合法，应予维持，裁定驳回上诉，维持原判。

二、以案说法

（一）非法转让土地构成犯罪的标准

非法转让土地使用权罪的客观构成为违反土地管理法规，非法转让土地使用权，情节严重的行为。主观心态是故意，且要求行为人有转让倒卖土地牟利的目的。《最高人民检察院、公安部关于公安机关管辖的刑事案件立案追诉标准的规定（二）》第七十二条规定："以牟利为目的，违反土地管理法规，非法转让、倒卖土地使用权，涉嫌下列情形之一的，应予立案追诉：（1）非法转让、倒卖永久基本农田五亩以上的；（2）非法转让、倒卖永久基本农田以外的耕地十亩以上的；（3）非法转让、倒卖其他土地二十亩以上的；（4）违法所得数额在五十万元以上的；（5）虽未达到上述数额标准，但因非法转让、倒卖土地使用权受过行政处罚，又非法转

---

① 详情可参见（2018）京03刑终984号刑事裁定书。

让、倒卖土地的;(6)其他情节严重的情形。"

结合本案来看,王某所转让使用权的土地原本为果园用地,属于农村集体土地,规划用途为基本农田保护区。王某在未经相关政府部门批准的情况下,私自将土地以20万元的价款卖给王某1,违反土地管理法规。王某1在涉案土地上非法采坑,并且造成土地种植条件被严重破坏,因此王某的转卖行为属于将农村集体土地使用权转让用于非农业建设,不符合《中华人民共和国土地管理法》中对集体土地用途的规定。

本案中王某的辩护人提出"王某没有牟利的目的,且对基本农田缺乏期待可能性"的辩护意见,但王某收受20万元价款的事实清楚且证据充分,证明王某存在牟利的目的。而经北京市国土资源局平谷分局认定,本案涉及的17亩土地的规划用途为基本农田保护区,因此不必额外评判王某的期待可能性。并且,王某转让基本农田17亩,满足立案追诉标准中的"非法转让、倒卖永久基本农田5亩以上",且属于情节特别严重,故王某构成非法转让土地使用权罪的判决合理合法。

(二)其他非法转让土地使用权的情形

除本案中的集体土地外,划拨土地和出让土地的使用权转让也需要受到法律的规范。实践中,擅自改变土地用途并出售的行为;合法获批土地后,直接出售的行为;直接转手倒卖城市土地的行为都属于非法转让土地使用权的情形。总结来看,这三种转让土地使用权的行为都未经过政府审批,必然不合法,出售和倒卖都是牟取利益的体现。当这些行为达到立案追诉标准,则构成非法转让土地使用权罪。

三、专家建议

国土空间的规划,是政府各部门经过长时间的调查、勘测,对庞杂的数据进行整理、推演而得出的结论,它可以更科学、有效地利用各种土地。非法转让土地使用权的行为损害了国土空间规划,也损害了国家的土地管理制度。接受土地的一方能够支付一定的价款,说明这片土地可以带来更大的利益,但这个利益是法律所不愿意给予,甚至是以消耗土地生命力为代价的利益。因此在转让土地使用权时,要严格依照法律法规,核验双方材料,经过政府批准,耐心等待办理,不要为了一己私利而选择消耗土地的生命。这是法律的要求,更是承载了无数历史的土地无声的诉求。

四、关联法条

《中华人民共和国刑法》第二百二十八条;《最高人民检察院、公安部关于公安机关管辖的刑事案件立案追诉标准的规定(二)》第七十二条;《中华人民共和国土地管理法》第九条、第十三条。

三、侵犯公民人身权利、民主权利罪

路边"鲜花"不要采,入罪铁窗独徘徊

在一般人眼中,酒后乱性的行为,虽然不被传统文化和伦理道德提倡,但也不至于触犯刑法。但不触犯刑律的前提是双方"你情我愿",如果性行为是发生在女方不情愿或者失去反抗意识下的,男性有极大可能陷入刑事指控的风险。

一、案例简介

(一)基本案情

2014年3月16日凌晨3点,被告人孟某、次某等5人在某酒吧跳舞,其间结识了被害人郎某。在郎某醉酒之际,也就是俗称的"断片"之际,孟某及其同伙共同骗取酒吧工作人员信任,将郎某带离酒吧。随后,孟某等人又将被害人朗某带到某KTV,并在包房内先后对其实施了强奸,最终3人实际与被害人发生了性关系,另外两人由于意志以外的其他原因未能得逞。天亮,被害人朗某回到任教学校后,即前往公安机关报警。经过鉴定,郎某身上多处软组织挫伤。

(二)法院裁决

湖北省武汉市中级人民法院一审认为,被告人孟某等5人在被害人处于醉酒无意识状态下,骗取酒吧工作人员的信任,谎称系被害人的朋友,从酒吧带走被害人,预谋实施性侵害,并利用被害人不知反抗、不能反抗的状态和不敢反抗的心理,违背被害人意志，共同对被害人实施了性侵行为，其行为均已构成强奸罪。公诉机关指控的罪名成立。被告人孟某、次某、索某、拉某在共同犯罪中起主要作用，系主犯。被告人多某在共同犯罪中起次要作用，系从犯，依法应当对其从轻处罚。依据《中华人民共和国刑法》（以下简称《刑法》）第二百三十六条第三款第（一）项及第（四）项、第二十五条第一款、第二十六条第一款、第二十七条第一款、第五十五条、第五十六条、第六十七条第三款的规定，判决被告人孟某犯强奸罪，判处有期徒刑15年，剥夺政治权利3年。被告人次某犯强奸罪，判处有期徒刑13年，剥夺政治权利2年。被告人索某犯强奸罪，判处有期徒刑13年，剥夺政治权利2年。被告人拉某犯强奸罪，判处有期徒刑12年，剥夺政治权利1年。被告人多某犯强奸罪，判处有期徒刑10年，剥夺政治权利1年。

一审宣判后，5被告人均不服，以被害人无明显反抗行为，系自愿与其发生性关系为由，向湖北省高级人民法院提出上诉。

湖北省高级人民法院二审认为，一审认定的事实清楚，证据确实充分，定罪准确，审判程序合法。裁定驳回上诉，维持原判。

二、以案说法

根据《刑法》第二百三十六条及相关司法解释，强奸罪是指违背妇女意志，使用暴力、胁迫或者其他手段，强行与妇女发生性关系的行为。本案的争议焦点是被害人醉酒后无明显的反抗行为或者无明确拒绝发生性行为的意思表示，是否可以认定被告孟某等5人是"违背妇女意志"与被害人发生的性行为？

"没有反抗或者无拒绝性行为表示"存在两种情况，第一种情况是女方在意识清醒，有正常的辨认和认知能力时，出于自愿，没有反抗或者拒绝。在这种情况中，男女双方发生性行为是自由处置自己性权利的表现，不认为是犯罪。第二种情况是女性处于一种不知反抗、不能反抗的状态下，没有做出反抗或者拒绝的行为，通俗来说，就是趁人之危。在此种情况中，若男女双方发生性关系，因为女方无法正确表达自己的意愿，所以不能当然地推定女方是自愿的。

本案就是在这种趁人之危的情况下发生的性侵行为。当晚在酒吧，郎某就已经处于严重醉酒状态，其间呕吐不止，后来被带至案发现场时已经需要两人搀扶才能行走。此时，被害人已经失去了正常的分辨能力和认知能力，不能正确认识自身处境，也不能正确表达内心真实意愿。虽然5名被告人曾辩解，朗某没有拒绝和反抗，导致他们产生了误解，但是不能据此认为她默认同意与5名被告人发生性关系。5名被告人甚至欺骗酒吧管理人员，自称是被害人的朋友，将被害人带走，足以说明他们是有预谋的计划本次犯罪。

本案中，郎某在受到性侵过程中，意识慢慢恢复，但其对身体控制的能力依然较弱，在一名女性独自面对5名成年男性时，极易产生不敢反抗的心理，进而导致不能反抗。多名被告人曾在口供中提到，被害人在整个过程中神情呆滞，一直在哭，也印证了被害人当时的恐惧心理。被害人曾供述，虽然后来意识在逐渐恢复，但身体依然没有力气反抗，并且害怕5名男性会因为她的反抗而伤害她。

被害人无明显反抗行为和反抗意思表示的情形不能当然推定为默示的同意。5名被告人明知被害人处于认知能力减弱的醉酒状态，利用被害人不知反抗、不能亦不敢反抗的状态，与被害人发生性关系，其行为已违背被害妇女意志。

多人轮奸的行为在强奸罪中属于加重处罚的情节。根据法条，2人以上轮奸的属于情节严重，应当处10年以上有期徒刑、无期徒刑或者死刑。

三、专家建议

虽然从伦理道德的角度不提倡"一夜情"，但饮食男女难免憧憬一段艳遇，甚至出现很多以艳遇为目的的泡吧、旅游现象。在你情我愿的前提下，刑法对此不予追究；但若是以灌酒、下药等方式强行与女性发生性关系，则可能面临最高死刑的刑事责任。在追求浪漫的同时，希望广大男性能够尊重女性，正确认识两性关系；也希望广大女性提高警惕，保护好自己，避免此类事件的发生，若真的受到侵犯，及时寻求法律援助，及时保留证据，通过法律途径来维护自己的权益。

四、关联法条

《中华人民共和国刑法》第二百三十六条。

"民间送养"可能构成犯罪

"民间送养"通常是指父母因各种困难无力抚养自己的子女，私自将子女送给有抚养意愿的家庭抚养。我国法律明确规定了送养的条件和流程，但不符合法律程序的"民间送养"行为却大量存在，这是为什么呢？其一，收养条件较为严格，不符合收养条件但想要收养儿童的群体大量存在；其二，在司法实践中，"民间送养"只有在造成严重后果，或存在非法获利的目的时，才会被追究刑事责任；其三，"民间送养"行为发生在相对私密的范围内，发现的难度比较大。"民间送养"往往游走在违法和犯罪的边缘，因此，加强对"民间送养"行为的规范，才能有效地预防"民间送养"滋生的相关犯罪。

一、案例简介

（一）基本案情

2018年8月，被告人段某（未婚）被检查出怀孕，因多次人工流产被医生告知如再次人工流产将有可能丧失生育能力。2019年4月，段某在一茶铺内遇到被告人李某。聊天过程中，段某向李某称不想要肚中孩子，让李某帮忙找个好人家送出去。于是李某联系了浙江人"珍飞"，并商定了要收取人民币5万元。李某随后告知段某，"珍飞"可以接收孩子并可以给4万元钱，但是李某自己要拿8000元辛苦费。段某同意后，李某随即与"珍飞"约定等孩子出生后在成都交易。2019年5月2日,段某在四川省妇幼保健院生下一名男婴,并向李某借款7000元用于支付住院生产费用。2019年5月4日,段某出院后即与李某一同乘坐出租车与"珍飞"的亲戚林某某夫妇碰面,将该男婴交给林某某夫妇,后者给了段某32000元钱后,段某先行离开。林某某夫妇又给了李某人民币20000元表示感谢。后段某在所得32000元中拿出7000元归还李某的借款。①

(二)法院裁决

1. 一审判决

一审法院认为,被告人段某作为母亲,拒不履行抚养义务,以无能力抚养为由,将无独立生活能力的亲生儿子送给他人,并收取费用,情节恶劣,其行为构成遗弃罪。李某明知被告人段某无力抚养无生活能力的亲生子女而送给他人的情况,而从中介绍并收取费用,其行为构成拐卖儿童罪。本案属部分共同犯罪,段某为主犯,李某为从犯。判决继续追缴段某犯罪所得人民币32000元,追缴被告人李某犯罪所得人民币20000元,上缴国库。

2. 终审判决

二审法院认为原审判决认定事实清楚,量刑适当,但在段某的罪名认定的法律适用上有误,段某本着卖掉孩子、获得报酬的目的,让李某帮助联系买家、商议价格,约定交易时间、地点和具体方式,最终在孩子出生后完成交易,收取的钱财不属于"营养费""感谢费"。段某和李某的一系列客观行为均体现了出卖的本质属性。段某主观上有非法获利目的,客观上实施了把孩子出卖的行为。段某构成拐卖儿童罪。

---

① 详情可参见(2020)川01刑终126号刑事判决书。

二、以案说法

（一）关于本案遗弃罪和拐卖儿童罪的分析

《关于打击拐卖妇女儿童犯罪有关问题的通知》规定："以营利为目的，出卖不满14周岁子女，情节恶劣的，借收养名义拐卖儿童的，以及出卖捡拾的儿童的，均应以拐卖儿童罪追究刑事责任。"《关于依法惩治拐卖妇女儿童犯罪的意见》规定："应当通过审查将子女'送'人的背景和原因、有无收取钱财及收取钱财的多少、对方是否具有抚养目的及有无抚养能力等事实，综合判断行为人是否具有非法获利的目的。"本案对于相同的事实，一审法院认为段某构成遗弃罪，而二审法院认为段某构成拐卖儿童罪，两次裁判结果不同的原因是两级法院对段某是否存在营利目的的判断不同。一审法院认定32000元未达到"数额巨大"的标准，故认为段某没有营利的目的，但由于段某拒绝抚养、随便找人送出子女的行为性质恶劣，最终认定段某构成遗弃罪。二审法院认为段某收取的32000元不属于"营养费""感谢费"，认为段某存在出卖子女的故意。且本案被送出的子女为刚出生的婴儿，段某在婴儿出生之前便和李某达成了合意，约定好了交易地点并谈好了价钱。这些都可以证明段某存在出卖亲生子女营利的故意，结合段某送出亲生子女的行为，二审法院认定段某构成拐卖儿童罪合理合法。

（二）"民间送养"行为和拐卖儿童罪的界限分析

本案中段某辩护人提出段某无营利的目的，是为了让法院认定段某的行为属于"民间送养"行为，从而对抗拐卖儿童罪的指控。"民间送养"行为本质上属于法律对特殊情况的兼顾，需要符合《关于依法惩治拐卖妇女儿童犯罪的意见》中的情形："不是出于非法获利目的，而是迫于生活困难，或者受重男轻女思想影响，私自将没有独立生活能力的子女送给他人抚养，包括收取少量'营养费''感谢费'的，属于'民间送养'行为，不能以拐卖妇女、儿童罪论处。"因此，"民间送养"行为和拐卖儿童罪的界限，不在于款项数额的大小，而是应该结合事件整体评判行为人是否有营利的目的，以及父母是否将孩子作为商品进行出卖。

三、专家建议

"民间送养"行为一般不构成犯罪，但亦不被法律所提倡。实践中，"民间送养"行为会产生被送养的子女难以登记户口、无法接受教育、不能享受医疗待遇等诸多问题。人有旦夕祸福，月有阴晴圆缺，如果遇到特殊情况，为保全自己子女的生命权或健康权，不得不将子女送人时，需要符合《中华人民共和国民法典》规定的收养资格和收养程序。只有符合法律的收养，才能保障各方的合法权益。

四、关联法条

《中华人民共和国刑法》第二百四十条、第二百六十一条；《关于打击拐卖妇女儿童犯罪有关问题的通知》第四部分；《关于依法惩治拐卖妇女儿童犯罪的意见》第十七条。

出售个人信息，面临牢狱之灾

身处数字化时代，几乎每时每刻信息都在被收集。被收集的个人信息越多，收集者越能直观地勾勒出信息主体的身份、性格、活动轨迹、习惯等特质。合理运用个人信息能够促进社会科学研究的发展、提供更便捷的服务、加强交易安全、发现新的市场需求。但当这些个人信息被不当利用时，将给个人信息主体的人身安全、财产安全等带来重大隐患。

一、案例简介

（一）基本案情

2021年7月至8月间，被告人贺某在电商网站开设"婚姻大师""中国分手大师"等多家店铺出售公民个人信息。根据客户的需求，贺某向上家支付费用，在收到上家查询信息后，再将相关信息转卖给客户，从中赚取差价。

2021年7月，被告人贺某根据曹某的要求，向曹某出售周某的家庭成员信息，收取1500元。2021年8月，被告人贺某根据李某的要求，向李某出售曾某的开房记录，收取2300元。2021年8月，被告人贺某根据吴某的要求，向吴某出售亢某的个人信息、家庭成员信息、开房记录等，收取5500元。

另查明，被告人贺某因犯诈骗罪，于2021年1月27日被重庆市渝北区人民法院判处有期徒刑10个月。①

（二）法院裁决

法院认为，被告人贺某违反国家有关规定，向他人提供公民个人信息，情节严重，其行为已构成侵犯公民个人信息罪。被告人贺某有揭发他人犯罪行为，并查证属实，系有立功表现，归案后如实供述自己的罪行，且自愿认罪认罚，依法可以从轻处罚。法院以侵犯公民个人信息罪判处被告人有期徒刑8个月，并处罚金人民币1万元，连同其之前所犯诈骗罪未执行的刑罚并罚，决定执行有期徒刑1年4个月，并处罚金人民币1万元。被告人贺某的违法所得9300元，予以追缴；公安机关扣押的作案工具手机7部，由公安机关予以没收，上缴国库。

二、以案说法

（一）个人信息的范围

根据《最高人民法院、最高人民检察院关于办理侵犯公民个人信息刑事案件适用法律若干问题的解释》（以下简称《解释》）第一条，公民个人信息，是指以电子或者其他方式记录的能够单独或者与其他信息结合识别特定自然人身份或者反映特定自然人活动情况的各种信息，包括姓名、身份证件号码、通信通讯联系方式、住址、账号密码、财产状况、行踪轨迹等。并非所有自然人的信息都属于个人信息的范畴，个人信息经过匿名化处理且不能再复原后，不能识别特定自然人身份，不再属于个人信息。已经合法公开的个人信息，如公职人员在政府网站上依法公开的履历，不属于本罪中的个人信息。

---

① 详情可参见（2021）苏0205刑初790号刑事判决书。

另外，隐私不一定是个人信息，个人信息不一定是隐私。隐私是公民生活中不愿为他人公开或知悉的秘密，如某人"喜欢养蜘蛛"在其不愿为他人所知时属于隐私，但由于该信息不能识别到特定自然人，也不属于特定自然人的行踪轨迹，因而不属于个人信息。公民未面向公众公开的电话号码一般不属于隐私，但属于个人信息的范畴。当然，隐私和个人信息在很大范围上有所重叠，如本案中的开房记录既属于隐私，也属于个人信息。

（二）行为方式

本罪有三种行为方式：

1.违反国家有关规定，向他人出售或者提供公民个人信息；

2.违反国家有关规定，将在履行职责或者提供服务过程中获得的公民个人信息，出售或者提供给他人的；

3.窃取或者以其他方法非法获取公民个人信息的。

"国家有关规定"，指违反法律、行政法规、部门规章有关公民个人信息保护的规定。"提供公民个人信息"，指向特定人提供公民个人信息，以及通过信息网络或者其他途径发布公民个人信息。"以其他方法非法获取公民个人信息"，指违反国家有关规定，通过购买、收受、交换等方式获取公民个人信息，或者在履行职责、提供服务过程中收集公民个人信息。本案中，贺某向他人出售个人信息，属于上述第一种行为方式，情节严重，成立侵犯公民个人信息罪。

（三）情节严重

《解释》第五条对非法获取、出售或者提供公民个人信息明确了十项情节严重的情形。其中第（二）项至第（四）项根据个人信息种类制定了不同的入罪标准：对行踪轨迹信息、通信内容、征信信息、财产信息，需非法获取、出售或提供达到50条以上；

对住宿信息、通信记录、健康生理信息、交易信息等其他可能影响人身、财产安全的公民个人信息，需非法获取、出售或者提供达到500条以上；对其他公民个人信息，需非法获取、出售或者提供达到5000条以上。非法获取、出售或者提供不同类型的个人信息，数量分别未达到上述三项的规定标准，但是按相应比例合计达到有关数量标准的，也属于情节严重。就条数计算而言，非法获取公民个人信息后又出售或者提供的，公民个人信息的条数不重复计算；向不同单位或者个人分别出售、提供同一公民个人信息的，公民个人信息的条数累计计算。本案中贺某出售的个人信息条数并未达到上述数量，而是符合第七项"违法所得5000元以上"，因而成立侵犯公民个人信息罪。

对于在履行职责或者提供服务过程中获得的公民个人信息，其构成"情节严重"的数量或者数额仅需达到上述条数或非法所得数额的一半以上，且需从重处罚。

三、专家建议

在日常使用手机APP、电脑网页等工具的过程中，公民应注重了解隐私政策，注意保护个人信息，非必要不授权个人信息收集，不要随意填写个人信息，以降低个人信息泄露的风险和与之相伴的人身、财产损失的可能；不得通过非法手段获取、窃取、出售或提供他人的个人信息。在履行职责或者提供服务过程中获得的公民个人信息的单位或个人，应当严格按照必要目的和正当方式合法使用所获得的公民个人信息，不得将个人信息非法出售或提供给他人。

四、关联法条

《中华人民共和国刑法》第二百五十三条之一;《最高人民法院、最高人民检察院关于办理侵犯公民个人信息刑事案件适用法律若干问题的解释》第一条至第六条、第八条至第十二条。

买卖手机号码，可能涉及犯罪

电话号码作为现代通讯的重要标识，关联着个人隐私与信息安全，关联着许多与隐私、财产安全相关的信息。非法买卖电话号码等公民个人信息行为不仅涉及违反法律规定，甚至可能涉及刑事犯罪，必须具有警惕意识。

一、案例简介

（一）基本案情

2020年至2021年间，被告人周某与被告人白某结伙通过网上购买等非法方式，获取股民电话信息11万余条；2021年7月起，被告人周某在北京市通州区经营北京某信息咨询有限公司，并使用上述股民电话信息安排业务员向股民推荐股票；经统计，被告人周某、白某通过上述股民电话信息违法所得至少人民币150万元。[1]

（二）法院裁决

一审法院认为，周某未取得证券监督管理部门的许可，也未获得证券投资咨询从业资质，本案中周某及其公司业务员给股民推荐股票之行为不属于合法经营活动的范畴，手机号属于能够单独或者与其他信息结合识别特定自然人身份的信息，符合"公民

---

[1] 详见（2022）京0112刑初389号刑事判决书与（2022）京03刑终433号刑事裁定书。

个人信息"的范畴。周某批量非法获取的信息数量达11万余条，符合《最高人民法院、最高人民检察院关于办理侵犯公民个人信息刑事案件适用法律若干问题的解释》（以下简称《解释》）所规定的"情节特别严重"之情形，依法判处被告人周某犯侵犯公民个人信息罪，判处有期徒刑3年6个月，并处罚金人民币135万元；白某有期徒刑3年，并处罚金15万元。

二审法院认为一审认定事实清楚、证据确实充分，驳回被告人上诉，维持原判。

二、以案说法

本案争议焦点为股民电话信息是否可以独立认定为公民个人信息。

根据《解释》以及《检察机关办理侵犯公民个人信息案件指引》的规定，"'公民个人信息'，是指以电子或者其他方式记录的能够单独或者与其他信息结合识别特定自然人身份或者反映特定自然人活动情况的各种信息，包括姓名、身份证件号码、通信通讯联系方式、住址、账号密码、财产状况、行踪轨迹等。""经过处理无法识别特定自然人且不能复原的信息，虽然也可能反映自然人活动情况，但与特定自然人无直接关联，不属于公民个人信息的范畴。"换言之，公民个人信息须与特定的自然人关联，可以是识别特定自然人身份，也可以是反映特定自然人活动情况，无论是识别特定自然人身份，还是反映特定自然人活动情况，都应当是能够单独或者与其他信息结合所具有的功能。

具体到本案，一审判决认为，在我国对手机号码实行实名登记制的情况下，考虑到手机号在日常生活中已被用于各类应用程序软件的注册、登录或账号等用途，行为人可以对手机号进行查询、搜索进而识别到特定自然人身份的信息，且股民电话号码敏感程度较高，将电话号码与股民身份相结合，足以认定该信息构成公民个人信息，二审法院对此坚持相同观点，维持了原判。

三、专家建议

在数字化时代，公民信息保护意识尤为重要。每位公民都应时刻警惕，加强个人信息保护，避免在公共网络随意泄露身份证号、手机号等敏感信息。同时，在工作中，特别是那些涉及管理他人信息的职务，更要严格遵守信息保密规定，确保所管理的公民信息不被非法获取或滥用，更不应该为了公司业务非法获取他人电话号码等公民信息。只有每个公民都自觉维护信息安全，才能共同构建一个安全、和谐的网络环境。

四、关联法条

《中华人民共和国刑法》第二百五十三条之一；《最高人民法院、最高人民检察院关于办理侵犯公民个人信息刑事案件适用法律若干问题的解释》第一条。

面对回馈小礼品，切莫因小失大

根据相关法律及政策规定，办理电话卡不得超出国家有关规定限制的数量。对经识别存在异常办卡情形的，电信业务经营者有权加强核查或者拒绝办卡。在此情况下，不法分子罔顾他人信息安全，非法收集、使用他人信息办理大量"实名不实人"的电话卡出售，对社会和个人都带来了非常大的负面影响。

一、案例简介

（一）基本案情

2018年4月，李某登记经营某通信器材经营部。2018年5月，李某与叶某、岳某、刘某商议决定利用客户居民身份证开通电话卡进行出售获利。李某安排岳某在网上搜索收卡下家，此后，岳某将收卡下家的联系方式提供给李某。2018年6月1日，李某、叶某、岳某来到自贡市沿滩区某村，以回馈用户为名，通过赠送鸡蛋、毛巾等小礼品的方式，要求领取人现场拍照并提供居民身份证原件，并在领取人不知情的情况下，利用所持有的运营商工号，用获取的个人信息注册开通电话卡125张。2018年6月9日，李某以50元/张的价格出售了其中100张电话卡给案外人，获利5000元。2018年6月23日，李某、叶某、岳某、刘某来到某敬老院门口，采取上述相同方式，注册开通电话卡168张。2018年7月4日，李某再次以65元/张的价格出售了175张电话卡，获利11375元。经调查核实，李某出售的电话卡中至少有9张被用于诈骗活动。2020年3月12日，四川省自贡市自流井区人民检察院以叶某、岳某、刘某的犯罪情节轻微，具有坦白情节且自愿认罪认罚，不需要判处刑罚为由，对3人作出不起诉决定。同日，四川省自贡市自流井区人民检察院以涉嫌侵犯公民个人信息罪对李某提起公诉[1]。

2021年，四川省自贡市人民检察院提起民事公益诉讼。[2]

（二）法院裁决

刑事公诉案：四川省自贡市自流井区人民法院审理后，于2021年4月24日作出刑事判决，判决李某犯侵犯公民个人信息罪，判处有期徒刑6个月，缓刑1年，并处罚金2万元，违法所得16375元予以追缴。

民事公益诉讼案：（1）被告李某、叶某、岳某、刘某于本判决生效之日起30日内在"川观新闻"上发布不少于300字的道歉书，道歉书的内容须经本院审定。逾期未主动履行的，由本院代为发布，产生的费用由被告李某、叶某、岳某、刘某共同负担；（2）被告李某、叶某、岳某连带赔偿公益损害赔偿金5000元，被告李某、叶某、岳某、刘某连带赔偿公益损害赔偿金11375元，于本判决生效之日起3个月内向公益诉讼起诉人四川省自贡市人民检察院指定的财政专账交纳，专门用于公益事项支出。

---

[1] 详见（2020）川0302刑初51号判决书。
[2] 详见（2021）川03民初102号判决书。

二、以案说法

（一）个人信息及个人信息的处理行为认定问题

《中华人民共和国刑法》第二百五十三条之一规定的"公民个人信息"，是指以电子或者其他方式记录的能够单独或者与其他信息结合识别特定自然人身份或者反映特定自然人活动情况的各种信息，包括姓名、身份证件号码、通信联系方式、住址、账号密码、财产状况、行踪轨迹等。根据《中华人民共和国个人信息保护法》第四条第二款对个人信息处理的界定，个人信息的处理包括个人信息的收集、存储、使用、加工、传输、提供、公开、删除等。居民身份证上载明了自然人的姓名、性别、出生日期、民族、身份证件号码、住址等信息，通过上述信息能够单独识别特定自然人，属于法律规定的个人信息。个人信息的处理包括个人信息的收集、存储、使用、加工、传输、提供、公开等。

在本案中，李某、叶某、岳某、刘某以运营商回馈客户为名，通过向客户赠送鸡蛋、毛巾等小礼品的方式，要求客户持居民身份证原件拍照，获取众多自然人的居民身份证载明的信息，以此收集个人信息，再用收集的个人信息注册开通电话卡，而未将电话卡交给客户，私自予以出售的行为，实为对个人信息的使用。上述收集、使用行为属于个人信息处理行为。

（二）私开电话卡所涉及的民事侵权问题

自然人的个人信息属于人格权类民事权益，既具有人身权属性，也具有财产权属性。法律将自然人的个人信息作为人格权类民事权益加以保护，有助于明晰个人信息权益保护方式、唤醒公民的个人信息保护意识，也能在更大程度上促进人格尊严的保护和实现人格平等。

在本案中，李某、叶某、岳某、刘某4人在未向个人信息主体明示处理信息的目的、方式和范围的情况下，私自开通电话卡予以出售获利，违反了法律规定。4人违法处理个人信息的行为，侵害了众多自然人的合法权益，且已有部分电话卡涉嫌用于电信网络诈骗，损害了社会公共利益，已经构成民事侵权。李某、叶某、岳某、刘某违法处理众多自然人的个人信息，导致个人信息主体丧失其个人信息的财产利益，赔偿损失是最基本的一种民事责任承担方式。

三、专家建议

在数字时代，个人信息保护的力度决定了个体感受到的个人信息权益和隐私权等人格权益被保护的安全感程度，也影响着整个数据产业发展的基石。个人信息泄露、倒卖时有发生，这些经处理的个人信息很多经黑色产业链流向了电信网络诈骗，成为国家重拳打击的多发高发犯罪，加强个人信息保护刻不容缓。特别是对于信息保护意识淡薄的老年人群体，面对回馈小礼品等方式骗取自然人个人信息的情况一定加强防备，切莫因小失大！

四、关联法条

《中华人民共和国刑法》第二十五条第一款、第六十四条、第六十七条第三款、第二百五十三条之一;《关于办理侵犯公民个人信息刑事案件适用法律若干问题的解释》第四条;《中华人民共和国刑事诉讼法》第十五条;《中华人民共和国个人信息保护法》第七十条;《关于检察公益诉讼案件适用法律若干问题的解释》第十三条。

"全国范围找车"也犯法

随着信息网络技术的不断进步和大数据产业的蓬勃发展，智慧停车系统等科技成果广泛应用于日常生活。然而，海量的停车位置信息通过网络、信息技术系统进行储存和传输，却存在着泄露信息的风险。近年来，围绕"寻车"，滋生出很多"全国范围找车、找牌"业务，并成为一部分人谋利的手段。这些业务的开展，已经超越了车主和停车管理主体在车辆信息管控方面的正常需求，是对涉及车辆和车主信息的不当使用。其中，一些人还据此进行了更复杂、更高级的技术型应用，如开发程序、查询数据、联系客户、安装定位跟踪设备等内容，在多人一起从事上述活动的同时实现上下游之间环环相扣，逐步发展为公民个人信息黑灰产业链。

一、案例简介

（一）基本案情

2020年6月起，谢某以谋利为目的，为满足客户查找车辆的要求，使用被告人黄某某和李某制作、提供的用于获取停车信息的程序，通过技术手段，绕过停车平台系统信息安全防护机制，非法获取停车平台系统保存的公民车辆停车位置信息。谢某通过程序查找到车辆信息后，将相关车辆位置信息发送给客户，或根据客户的需求，给指定车辆安装定位跟踪设备，并收取费用。同时，黄某某接受谢某的指使，给指定车辆安装定位跟踪设备，并收取谢某给予的报酬。经统计，黄某某通过上述制作软件程序行为、提供并安装定位设备行为，非法获利113万余元；李某通过上述制作软件程序行为，非法获利24万余元；开展该项业务的谢某被另案处理。

（二）法院裁判

南京市鼓楼区人民法院一审认为，公民车辆的停车位置信息能够反映、识别特定自然人活动情况，与公民行动自由、人身安全等法益紧密关联，属于公民个人信息。黄某某、李某非法获取公民车辆停车位置信息，并在指定车辆上安装定位跟踪设备的行为，构成侵犯公民个人信息罪。南京市鼓楼区人民法院于2023年3月24日作出刑事判决，分别判处黄某某、李某有期徒刑4年11个月、3年3个月，并处罚金，没收违法所得。一审宣判后，被告人黄某某不服，提起上诉。南京市中级人民法院于2023年5月23日作出刑事裁定：驳回上诉，维持原判。

二、以案说法

本案的争议焦点主要集中于三个方面：第一，构成侵犯公民个人信息罪的行为要件是什么？第二，如何正确理解刑法意义上的公民个人信息？第三，所谓"出售、提供、窃取"的行为为何具有非法性？

（一）构成侵犯公民个人信息罪的行为要件是什么

侵犯公民个人信息罪是《中华人民共和国刑法修正案（七）》第七条增加的罪名，又经《中华人民共和国刑法修正案（九）》第十七条进行了修改。根据《中华人民共和国刑法》（以下简称《刑法》）第二百五十三条之一的规定，侵犯个人信息罪是指违反国家有关规定,向他人出售或者非法提供公民个人信息,情节严重的行为。

一方面,违反国家有关规定是行为要件的前置条件。违反国家有关规定,是指违反了有关法律、行政法规、规章等国家层面涉及公民个人信息管理方面的规定。如《中华人民共和国居民身份证法》第十三条规定:"有关单位及其工作人员对履行职责或者提供服务过程中获得的居民身份证记载的公民个人信息,应当予以保密。"判断是否违反行政法层面上的法律、法规、规章所规定的义务,是本罪成立不可或缺的内容之一。

另一方面,实施侵害公民个人信息的具体行为是行为要件的实质条件。具体行为方面,根据《刑法》第二百五十三条之一第一款的规定,出售、提供公民个人信息的行为是法定的行为方式。根据该条第三款的规定,窃取或者以其他方法非法获取公民个人信息的,依照第一款规定处罚。进而,本罪的行为方式实际上包含出售、提供的"输出"行为,同时也包含"获取或者以其他方法非法获取"的"输入"行为。另外,根据司法解释的规定,"以其他方法非法获取公民个人信息",具体是指违反国家有关规定,通过购买、收受、交换等方式获取公民个人信息,或者在履行职责、提供服务过程中收集公民个人信息,是对前述行为规范内容的补充,具有同等非难性。由此,在对行为理解时,不能局限于外在表现形式,而应结合法益侵害性进行实质性判断。

进行实质性判断的标准,要注重以下几点:

一是是否具有侵犯个人信息隐私性的内容。根据有关保护个人信息的法律规定,任何人不得未经被侵害者的同意,或者没有正当理由收集、处理、使用他人的个人信息,包括:未经核实和取得同意,收集、处理他人就业信息、学历信息、婚姻信息等个人隐私信息,以及未经核实和取得同意,故意在网上发布他人未允许发布的个人隐私信息。

二是是否具有不当取得个人信息的恶劣手段。根据有关保护个人信息的法律规定,任何人不得利用虚假的身份信息,或者通过其他欺诈手段,故意获取他人个人信息,例如,冒充他人身份,收集、处理他人的求职信息、就业信息等。

三是是否具有非法利用他人个人信息的目的特征。根据有关保护个人信息的法律规定,任何人不得非法利用他人的个人信息或者不正当获取他人个人信息,例如,以微信等社交媒体平台作为途径、盗用、偷获他人个人信息,在社交媒体上发布虚假内容。需要说明的是,假冒他人身份进行支付、兑现等行为的,如实际获利,则可能同时触犯侵犯公民个人信息罪和其他财产犯罪,应对其择一重罪处断。

(二)如何正确理解刑法意义上的公民个人信息

公民个人信息,是指有关公民个人身份的一切信息,而不仅仅是指公民个人不愿为一般普通社会公众所知的信息。比如,这些信息都属于刑法意义上的公民个人信息:姓名、性别、民族、年龄、职业、学历、婚姻、宗教、专业职称、工作经历、家庭住址、电话号码、手机号码、身份证号码、银行卡账号密码、血型、指纹、病历等。本罪在衡量是否为犯罪对象时,侧重于客观评价公民个人信息的内容和所处的环境,而不需要以被害人是否主观判断其为隐私作为先决条件。

鉴于对法益侵害性程度的判断认为,如若该公民个人信息内容涉及被害人所不希望被外界知悉的隐私内容,这种情况下的公民个人信息更具有法益保护的必要性,相应地,对犯罪行为的处罚则体现为更重。根据《刑法》第二百五十三条之一第二款规定,违反国家有关规定,将在履行职责或者提供服务过程中获取的公民个人信息,出售或者提供给他人的,依照前款的规定从重处罚。换言之,通过工作领域的职责履行所获取的信息,如被非法取得、滥用,则可能造成更为严重的后果,比如金融、电信、交通、教育、医疗单位人员更容易取得该类公民个人信息,所以对这些行业从业者的要求,则要高于不存在上述岗位职责的人。

(三)所谓"出售、提供、窃取"的行为为何具有非法性

"出售、提供、窃取"行为本身具有违背公民之主观愿望的事实前提,同时,存在违反国家法律规定的规范前提,进而评价其具有非法性,是不言而喻的。"非法"属性,不仅在于行为手段的非法,也在于行为所导致后果的非法。换言之,即便信息的取得本身是合法的,但是信息的使用具有非法性,同样会纳入本罪评价的范畴中来。这一点集中体现在具有职务、职责身份的人在取得公民个人信息时本身符合法律规定,但是,其出售、提供的行为具有违法性,违反了其作为法律赋权单位、岗位人员所应保守信息的法律义务,进而从合法转为非法。例如,银行工作人员取得了某一公民个人的家庭住址、财务状况、银行账号,这是基于岗位职责的合法行为;但是,其将获取的上述信息出售、提供给他人或单位,则具有行为手段上的非法性,而信息的泄露所导致的公民个人财产受到侵害、公民个人社会评价受到影响,都属于相应的危害后果,同样具有非法性,即便该公民个人予以谅解仍无法免除该行为及其后果的非法性评价。例如,公安机关车辆登记管理岗位人员通过系统信息,得知了公民的身份证号、车牌号、手机号等,非法提供给车辆维修、二手车买卖行业人员,以便进行广告推销,或者进行电话骚扰要求进行交易等,均是在信息使用环节及行为后果方面兼具非法性。

三、专家建议

公民个人保护好车辆信息是非常重要的，要时刻具有保护的意识，并实施保护的行为。比如，如担心自己的爱车被安装定位器，可以采取以下方法：第一，车身目视检查。仔细检查车辆外部，看是否有明显的定位器或其他外部设备。一些定位器可能安装在车门下侧或后备箱内等位置。注意寻找任何不寻常或陌生的物体。第二，检查车辆底部。查看车辆底部是否有异物或附着物，特别是在车轮和底盘附近。第三，隐私信息保护：在日常生活中，注意车机、手机等设备对停车信息的采集和收录，如非必要，尽可能不暴露个人位置信息。

通常，车主为了挪车方便，通常将个人手机号置于挡风玻璃上，这样做信息泄露的风险是客观存在的，该情况下，车牌号和手机号的关联度很高。为此，除非长时间停车在需要挪车的位置，否则，手机号信息应避免暴露于挡风玻璃内。

四、关联法条

《中华人民共和国刑法》第二百五十三条之一；《最高人民法院、最高人民检察院关于办理侵犯公民个人信息刑事案件适用法律若干问题的解释》。

已婚者在国外与他人结婚，警惕犯重婚罪

结婚的新人需要事先在民政局进行婚姻登记，这已是当代社会的共识。随着民政部门信息技术水平的不断提升，一个人在已婚状态下，再和其他人进行结婚登记，事实上已不再可能。因此，有些人便出于某种目的，在国外进行结婚注册。这些人认为，在国内和国外的两段婚姻都是合法有效的，由于跨越了国境，不仅能避免出轨带来的麻烦，还没有法律风险。实际上，这种在两个国家注册结婚的行为，可能构成重婚罪。

一、案例简介

（一）基本案情

2015年10月，被告人邹某与妻子许某协商协议离婚，但尚未办理离婚登记手续。在与妻子许某婚姻存续期间，被告人邹某向被害人张某谎称前妻（许某）已因病去世，又与张某拍摄婚纱照、在某国登记结婚、举办婚礼，并以夫妻名义同居、生活在北京市海淀区。与张某结婚四个月后，被告人邹某才与前妻许某正式办理离婚手续。在与被害人张某婚姻存续期间，被告人邹某向张某索要钱款近600万元，一直不予归还。[①]

[①] 详情可参见（2018）京0108刑初1010号刑事判决书。

（二）法院裁决

北京市海淀区人民法院认为，被告人邹某有配偶而重婚，其行为已构成重婚罪，应予惩处。北京市海淀区人民检察院指控被告人邹某犯重婚罪的事实清楚，证据确实充分，指控罪名成立。关于被告人邹某是否利用婚恋关系骗取被害人张某巨额钱款一节，因张某已另行提起民事诉讼解决，人民法院就相关事实不予评判。鉴于被告人邹某对于在婚姻关系存续期间与被害人张某在某国登记结婚之事实一直供认不讳，系对起诉书中指控的主要事实一直予以认可，人民法院依法对其从轻处罚，并宣告缓刑。诉讼代理人及辩护人的相关意见，人民法院酌予采纳。依照《中华人民共和国刑法》（以下简称《刑法》）第二百五十八条，第六十七条第三款，第七十二条第一款，第七十三条第二款、第三款之规定，判处被告人邹某犯重婚罪，判处有期徒刑8个月，缓刑1年。

二、以案说法

《刑法》第二百五十八条规定，有配偶而重婚的，或者明知他人有配偶而与之结婚的，处2年以下有期徒刑或者拘役。本案中，被告人邹某先与许某在中国结婚登记，又在未和许某离婚的情况下，与张某在某国结婚登记，这两段婚姻在中外两国分别都是合法的有效婚姻，被告人邹某的行为符合《刑法》第二百五十八条规定的"有配偶而重婚的"情节，构成重婚罪。

（一）同居是否构成事实婚姻？

如果邹某不与张某进行结婚登记，只是共同居住生活，是否还会构成重婚罪？若两个人以夫妻名义共同居住生活，形成了一种生活紧密性，对外以夫妻相称，共同维系社会关系，则可以认定二人已经形成了事实婚姻关系。这种公开、长期的共同生活，既要表现在持续、稳定的时间上，还要表现在公开、固定的场所上。在婚姻存续期间与他人形成事实婚姻符合《刑法》第二百五十八条"有配偶而重婚"的情节的，构成重婚罪。

事实婚姻的认定需要综合多方面因素考虑，对外公开性是评价是否构成事实婚姻关系的重要依据。一般来说，以下情形可以认定具有事实婚姻的对外公开性：在婚姻存续期间内与其他人举办婚礼、拍婚纱照、以夫妻名义共同买房、生育子女时以夫妻名义登记住院信息、一方病重时以夫妻名义签署告知书等。

（二）"被第三者"是否构成重婚罪？

"被第三者"的情形在生活中也偶有发生，如果在不知道对方已经结婚的情况下，又与之形成事实婚姻关系或者结婚，是否构成重婚罪？本案中的张某应当如何评价？

"被第三者"通常不构成重婚罪。本案中，如果张某明知邹某有配偶，又和他结婚，那么张某的行为符合重婚罪中"明知他人有配偶而与之结婚"的情形，构成重婚罪。但实际情况是，邹某与张某缔结婚姻时，邹某谎称前妻（许某）已经因病去世，因此张某对于邹某有配偶并不知情，自然也不是"明知他人有配偶而与之结婚"，不构成重婚罪。

三、专家建议

缔结婚姻，生育子女，组成幸福的家庭是一种良好社会风气的体现，但社会上也存在着找"第三者"、出轨、婚外情等现象。很多人以为上述行为无非只是受道德的谴责，或者离婚的时候承担一定的财产损失，但实际上，出轨有可能构成重婚罪。希望大家谨记，色字头上一把刀，糟糠之妻不可欺，少点套路，多点真诚。

四、关联法条

《中华人民共和国刑法》第二百五十八条。

事实婚姻可能构成重婚罪

婚姻关系是人类社会极其重要的社会制度,其不仅是组建家庭的基础,更是为人类繁衍提供了社会与法律框架。因此,婚姻关系在法律体系中有着重要的地位,新中国第一部法律就是1950年4月颁布的《中华人民共和国婚姻法》(以下简称《婚姻法》)。婚姻关系属于民事法律调整的范畴,正常情况下不会涉及刑事犯罪。社会生活中发生的婚内出轨等问题,也只是道德层面和民法层面所谴责的对象。但是,如果在婚内期间不仅出轨,还以夫妻名义共同生活甚至再次登记结婚,则具有完全不同的法律性质,涉嫌重婚罪,需要刑法的介入和评价。

一、案例简介

(一)基本案情

2005年2月16日,自诉人岳某某与被告人索某某登记结婚,婚后育有一子。在婚姻关系存续期间,索某某与卢某某相识,后索某某与卢某某公开以夫妻名义共同生活并于2015年9月生育一子。索某某长期居住在北京市某区。另经查明,自诉人岳某某与被告人索某某的离婚纠纷案件正在审理过程中。[①]

---

① 详情可参见(2019)京0105刑初2538号刑事判决书。

（二）法院裁决

被告人索某某在与岳某某存在婚姻关系期间，违反《婚姻法》的法律规定，与卢某某在卢某某的家庭及所在村集体公开以夫妻名义相称，共同参与家庭生活和社会活动，且与卢某某育有孩子，被告人索某某与卢某某已形成事实婚姻，被告人索某某的行为属于有配偶而重婚，符合重婚罪的构成要件，其长期与他人以夫妻名义共同生活，且在离婚纠纷案件审理期间也未停止其犯罪行为，当庭亦无认罪悔罪表现，其行为具有社会危害性，应定罪处罚。法院依法以重婚罪判处有期徒刑1年。

二、以案说法

根据《中华人民共和国民法典》（以下简称《民法典》）第五编"婚姻家庭"部分的规定，"婚姻家庭受国家保护。实行婚姻自由、一夫一妻、男女平等的婚姻制度。禁止重婚。禁止有配偶者与他人同居。"这些规定属于我们婚姻制度的基本原则。为保护婚姻制度，《中华人民共和国刑法》第二百五十八条规定，有配偶而重婚的，或者明知他人有配偶而与之结婚的，处2年以下有期徒刑或者拘役。在重婚案件中，行为人在婚姻关系存续期间，与他人再次登记结婚，那么案件的认定就很清晰，显然属于重婚行为。但如果行为人没有与他人再次登记结婚，只是与他人以夫妻名义共同生活，此时能否认定重婚，则需要全面考察和审慎评价。这其中就涉及事实婚姻的问题。

（一）什么是事实婚姻？

我国婚姻制度实行结婚登记制，因此有法定婚姻的概念。根据《民法典》第五编"婚姻家庭"部分的规定，"要求结婚的男女双方应当亲自到婚姻登记机关申请结婚登记。符合本法规定的，予以登记,发给结婚证。完成结婚登记,即确立婚姻关系。"

事实婚姻,则是指未经依法登记,却以夫妻名义共同生活而实际形成的男女婚姻关系。这种事实婚姻关系以前主要存在于农村地区。受数千年封建历史的影响,加之农村地域广阔、交通不便,人们的法制观念较为淡薄,因此长期存在男女双方不登记结婚却以夫妻名义共同生活的现象。

(二)事实婚姻的刑民评价差异

在民事层面,由于事实婚姻有其历史背景,而且事实婚姻中有很多是符合法定结婚条件,且共同生活时间较长,形成了稳定的家庭关系,很多还生育了子女,所以我国曾一度承认这种事实婚姻关系的法律效力。例如1989年12月,最高人民法院发布《关于人民法院审理未办理结婚登记而以夫妻名义同居生活案件的若干意见》规定,基于这类"婚姻"关系形成的原因和案件的具体情况复杂,为保护妇女和儿童的合法权益,有利于婚姻家庭关系的稳定,维护安定团结,在一定时期内,有条件的承认其事实婚姻关系,是符合实际的。后来,民政部于1994年2月颁布了《婚姻登记管理条例》,规定"符合结婚条件的当事人未经结婚登记以夫妻名义同居的,其婚姻关系无效,不受法律保护"。从而在民事法律层面彻底否定了事实婚姻的法律效力,民事案件的处理不再承认和保护事实婚姻,而是一律按非法同居认定。

但在刑事层面,司法机关一直是承认事实婚姻的存在,认为事实婚姻同样能够侵犯婚姻制度。根据1994年12月14日最高人民法院在给四川省高级人民法院的批复,"新的《婚姻登记管理条例》发布施行后,有配偶的人与他人以夫妻名义同居生活的,或者明知他人有配偶而与之以夫妻名义同居生活的,仍应按重婚罪定罪处罚。"

可见，当前民事和刑事对于未经结婚登记而以夫妻名义同居的事实婚姻有着完全不同的评价和态度。民事法律不保护事实婚姻，但刑事法律必须保护合法的婚姻关系不受非法侵犯。因此，如果行为人没有结婚登记，只是同时形成两个事实婚姻，则无法对法定婚姻关系造成侵犯，不应认定为重婚罪。

（三）重婚犯罪中事实婚姻的具体认定

在判断案件是否存在事实婚姻时，具体可以从以下三个层面进行认定。第一，主观方面，男女双方互相都有建立夫妻关系的意愿和目的。婚姻关系是两性之间达成的合意，因此，只有男女双方共同拥有结成夫妻的意愿，才能进一步形成夫妻的关系，如果只是单方的想法，不可能发展成夫妻关系。第二，客观行为方面，男女双方公开以夫妻名义稳定地共同居住生活。事实婚姻必须具备公开性，方能对一夫一妻的婚姻制度造成侵害，如果男女双方不对外公开其夫妻关系，也就无法形成相应的社会评价，和隐秘状态下的通奸、婚外情没有区别。事实婚姻最主要的表征是以夫妻名义同居生活，比如以夫妻名义参加社交活动，形成夫妻财产，以及生育子女。此外，事实婚姻还得是稳定的持续的一种状态，如果只是极其短暂的以夫妻名义相称，很难形成同居生活的状态，也难以体现双方有结为夫妻的真实意愿。第三，结果方面，事实婚姻还应形成一定的社会影响。也就是说，男女双方以夫妻名义同居生活，应在一定的区域范围或社会关系层面，形成相应的社会认同和评价，比如在亲友或邻居或村民、社区居民之间，能够认识到该男女双方系夫妻。只有形成一定的社会影响，才能让事实婚姻在社会关系层面得以形成，才能对法定的婚姻制度造成侵害，才应入罪处理。

三、专家建议

婚姻家庭，向来是民法的自留地，刑法轻易不会涉足。在司法实践中，法院对于重婚的案件也是非常审慎，尤其是对于事实婚姻问题，在证据审查和事实认定方面都会严格掌握。但如果行为确实对一夫一妻的基本婚姻制度造成了侵害，则将面临重婚罪的刑法评价。

四、关联法条

《中华人民共和国刑法》第二百五十八条；《中华人民共和国民法典》第一千零四十一条、第一千零四十二条。

四、侵犯财产罪

盗窃被察竟动手，转化抢劫罪加等

盗窃是最常见的犯罪类型之一，一般的盗窃行为本身并没有什么特殊之处，大部分案件的行为人都是在一念之间，临时见财起意。如果盗窃分子在秘密偷盗过程中被人察觉，为了抗拒抓捕或毁灭罪证等目的，而当场采用暴力手段大打出手或持刀威吓。这种行为就不再是盗窃这么简单了，而是转化成了抢劫犯罪，将面临更加严重的刑罚。

一、案例简介

（一）基本案情

被告人张某某于 2020 年 6 月 22 日 1 时许，秘密进入被害人孙某某的住所内，窃取被害人孙某某移动电话 1 部（经鉴定价值人民币 540 元），后被告人张某某为抗拒抓捕当场对被害人孙某某进行殴打，致使被害人孙某某"面部软组织损伤、口腔黏膜挫伤破损"，经刑事科学鉴定构成轻微伤。被告人张某某经刑事科学鉴定系完全刑事责任能力人。当日，被告人张某某的母亲与民警一道，在案发现场附近的公园内将被告人张某某抓获归案。赃物已起获并发还被害人。被告人家属赔偿被害人孙某某人民币 1.5 万元，孙某某对张某某表示谅解。[1]

---

[1] 详情可参见（2020）京 0105 刑初 2244 号刑事判决书。

（二）法院裁决

被告人张某某无视国法，以非法占有为目的，入室秘密窃取他人财物，在被发现后当场使用暴力抗拒抓捕，并造成他人轻微伤的危害后果，其行为触犯了刑法，已构成抢劫罪。法院依法以抢劫罪判处被告人张某某有期徒刑10年，剥夺政治权利2年，罚金人民币10万元。

二、以案说法

本案中，被告人张某某起初的行为只是入室盗窃了价值较小的财物，刚刚达到盗窃罪的入罪门槛，原来的法定刑是3年以下有期徒刑、拘役或管制。但张某某实施了后续的暴力行为，则转化成抢劫罪，且系入户抢劫，罪罚加等，直接面临10年以上有期徒刑，张某某可谓追悔莫及。根据《中华人民共和国刑法》（以下简称《刑法》）第二百六十九条的规定，犯盗窃、诈骗、抢夺罪，为窝藏赃物、抗拒抓捕或毁灭罪证而当场使用暴力或者以暴力相威胁的，依照本法第二百六十三条（抢劫罪）的规定定罪处罚。

（一）成立转化型抢劫的前置条件

普通的抢劫犯罪，是指行为人以非法占有为目的，通过暴力或以暴力相威胁的方式，当场劫取被害人财物的行为，即行为人取得财物必须是通过暴力或以暴力相威胁来实现的。但在转化型抢劫犯罪中，行为人取得财物的行为实际上已经完成了，行为人在取财时没有当场使用暴力。可以看出，普通的抢劫行为与转化的抢劫行为有着较为显著的差异，与常人所认知的抢劫罪有着很大的区别。因此，转化抢劫属于法律拟制规定，是刑法的特别规定。具体而言，成立转化型抢劫有着特定的前置条件，即行为人是已经着手实施了盗窃、诈骗、抢夺犯罪行为。根据《刑法》第二百六十九条的规定，只有实施这三类财产犯罪行为，才可能会构成转化型抢劫。

需要特别注意的是，行为人所实施的盗窃、诈骗、抢劫行为本身，并不要求完全达到入罪的标准，也不要求行为达到既遂程度。根据2005年《最高人民法院关于审理抢劫、抢夺刑事案件适用法律若干问题的意见》第五条的规定，行为人实施盗窃、诈骗、抢夺行为，未达到"数额较大"为窝藏赃物、抗拒抓捕或者毁灭罪证当场使用暴力或者以暴力相威胁，情节较轻、危害不大的，一般不以犯罪论处；但具有下列情形之一的，可依照《刑法》第二百六十九条的规定，以抢劫罪定罪处罚：（1）盗窃、诈骗、抢夺接近"数额较大"标准的；（2）入户或在公共交通工具上盗窃、诈骗、抢夺后在户外或交通工具外实施上述行为的；（3）使用暴力致人轻微伤以上后果的；（4）使用凶器或以凶器相威胁的；（5）具有其他严重情节的。

（二）转化型抢劫的主客观要件

在认定转化型抢劫的过程中，重点要考察两方面情况。一是主观方面行为人是否出于窝藏赃物、抗拒抓捕或毁灭罪证的目的；二是客观方面行为人是否当场使用暴力或以暴力相威胁，且该暴力或以暴力相威胁行为是否达到一定的严重程度。

关于主观方面，行为人此前的盗窃、诈骗、抢夺行为已经着手实施，而当其使用暴力或以暴力相威胁时，其主观上应当是为了窝藏赃物、抗拒抓捕或毁灭罪证，方才构成转化型抢劫。如果行为人面对此前行为被人察觉，无法继续以秘密窃取或者诈骗等方式获取财物的情势，转而起意强行劫取财物，则符合普通抢劫罪的主观要件。如果行为人根本没有前述故意，既放弃取财，也不再拒捕或毁灭罪证，而是心生怨恨，为报复被害人而大打出手，则视其具体的暴力行为，考虑以故意伤害等罪名进行定性。

关于客观方面，与普通抢劫罪一样，转化型抢劫也要求暴力行为或以暴力相威胁行为必须具有当场性，而且达到较严重的程度。根据2016年《最高人民法院关于审理抢劫刑事案件适用法律若干问题的指导意见》第三条的规定，"当场"是指在盗窃、诈骗、抢夺的现场，以及行为人刚离开现场即被他人发现并抓捕的情形；对于以摆脱的方式逃脱抓捕，暴力强度较小，未造成轻伤以上后果的，可不认定为"使用暴力"，不以抢劫罪论处。该指导意见对转化型抢劫的当场性问题作出了清晰的界定。而对于暴力或以暴力相威胁行为的严重程度，则需要区分情况，如果是采用殴打、暴力压制或持凶器威胁等方式，则可以直接予以认定，但如果只是在逃跑过程中进行摆脱，没有暴力伤害等行为，则可不予认定。

（三）入户盗窃的转化问题

入户盗窃属于盗窃罪的入罪条件之一，无须考察是否实际取得财物，但法定刑的刑期仅为3年以下。而入户抢劫则属于抢劫罪的情节加重犯，法定刑是10年起步。两者的罪责差异显著。当入户盗窃过程中被发现，行为人为窝藏赃物、抗拒抓捕或者毁灭罪证而当场使用暴力或以暴力相威胁，如果暴力或暴力胁迫行为发生在户内，则可以认定为入户抢劫，罪罚加等；而如果暴力或暴力胁迫行为发生在户外，则不能认定为"入户抢劫"，在没有其他加重情节时，法定刑的刑期为3—10年。

三、专家建议

抢劫、盗窃、诈骗和抢夺等犯罪都是传统的侵财犯罪，尤其是盗窃罪，案件数量比较大，偶尔也会发生在大家身边，有时不仅是成为盗窃案件的被害人,甚至有的人会一时糊涂,放着体面的工作和收入不顾,贪图一些小便宜。当盗窃等行为被人发觉时,如果一时发生冲突,作出了暴力抗拒抓捕等行为,则将面临更加严重的刑罚。因此,做人一定要坚守底线,切记冲动是魔鬼,既不拿不义之财,更不行暴力之举。

四、关联法条

《中华人民共和国刑法》第二百六十九条、第二百六十三条;《最高人民法院关于审理抢劫、抢夺刑事案件适用法律若干问题的意见》第一条、第五条。

捡到手机不归还，道德有亏涉盗窃

拾金不昧是中华民族的传统美德，在日常生活中，捡到物品不归还其实并不仅仅是一个道德问题，更涉及法律风险。有些人认为，捡到东西，自己有权决定是否归还，即使不归还，也只会涉及民事纠纷，后果并不严重，这种观点体现了一种对法律的认识错误。实际上，在一些情形中，捡到东西不归还不仅可能面临民事诉讼，更可能涉嫌盗窃罪，这种"占小便宜"的行为可能导致"牢狱之灾"。

一、案例简介

（一）基本案情

2020年8月3日11时许，被告人任某领其儿子在商场一层超市游乐场玩游戏。在进入一辆游戏车时，发现游戏车座位上有一部被人遗忘的手机，任某迅速将手机放进自己裤兜，并立刻领孩子离开现场。未及一分钟，失主于某返回寻找手机未果，遂报案，公安机关通过技术手段确定任某具有作案嫌疑。

被告人任某出商场后将手机送到张某经营的手机店，随后民警给任某打电话通知其到派出所，让其配合调查超市丢失手机的事情。任某自行来到派出所，承认了在超市的游戏车内拿走一部手机的案件事实。当日手机被返还失主于某。任某因本案盗窃违法行为被处以拘留 15 日的行政处罚，但因疫情未执行。[1]

（二）法院判决

辩护人认为，被告人出于占小便宜的心理实施了非法占有行为，并非出于有预谋的盗窃，因此情节上轻于普通盗窃犯罪；被告人经公安机关电话通知到案，如实供述自己的犯罪事实，应当认定为自首；被告人还具有认罪认罚情节，主动缴纳罚金情节。辩护人建议对被告人从宽处罚，同意公诉机关的量刑建议。

法院经审理认为，被告人任某以非法占有为目的，秘密窃取他人遗忘在特定封闭场所的财物，数额较大，其行为已构成盗窃罪。公诉机关指控成立。被告人经电话通知自行前往公安机关，在案件侦查阶段如实供述自己的罪行，应认定为自首。公诉机关在庭审中表示对被告人应当认定为自首。被告人任某犯盗窃罪，判处拘役 4 个月，缓刑 6 个月，并处罚金人民币 9000 元。

二、以案说法

从基本特征上来说，盗窃罪是违反被害人的意志，使用平和的方式，将他人占有的财物转移为自己或者第三者占有。因此，对于捡到的物品，是否成立盗窃罪，关键在于该物品是不是脱离占有的"遗忘物"，即该物品是否存在他人占有。以本案为例，判断是"捡"手机还是"偷"手机的关键，便在于手机是否脱离占有或由他人占有。

（一）在特定场所遗忘的物品，不属于"遗忘物"

"遗忘物"，是指由于财产的所有人、占有人的疏忽，遗忘在某处的物品。在实践中，遗忘物一般是指被害人知道自己遗忘在

---

[1] 详情可参见（2020）辽 1282 刑初 238 号刑事判决书。

某处的物品。而在特定场所遗忘的物品，仍由他人占有，不属于"遗忘物"。

具体到本案，于某遗忘在游戏车座位上的手机，虽然脱离了于某的占有，但丢失的地点在商场一层超市游乐场的游戏车内，属于特定场所，此时手机便转为该特定场所管理者占有。即便场所管理者并不知道自己在占有该手机，但基于其管理职能及概括的占有意思，其仍系占有者。因此，本案中的手机仍属于被他人占有的物。

类似地，在出租车上、宾馆、网吧等有管理者的特定场所内遗忘的财物，也仍由"他人占有"。捡拾上述财物据为己有的行为，可能构成盗窃罪。

（二）常见的"他人占有"情形

盗窃罪中的占有是指事实上的支配。对财物事实上的支配，意味着被害人在通常情况下能够左右财物，对财物的支配没有障碍。事实上的支配需要根据社会的一般观念来判断，物品不由某人持有并不意味着不存在事实上的支配。如果社会一般观念认为财物属于"他人占有"，就意味着其他人不能擅自改变该占有状态。常见的"他人占有"有下列情形：

1. 虽然表面上不属于他人支配的范围，但可以轻松推断出是由他人事实上支配时，属于"他人占有"。如，房东将房屋出租给租客，但将其中一个房间上锁，上锁房间内的财物仍由房东占有。

2. 只要财物在他人的事实支配范围内，即使他人没有实际掌握在手中或时刻监视着，也属于"他人占有"。如顾客试穿商店里的衣服时，衣服仍由店主或店员占有。

3. 明显属于他人支配、管理的财物，即使他人短暂遗忘或离开，但只要根据一般社会观念进行判断，财物仍处于他人支配的范围内,他人可以没有障碍地取回财物,就应当认为是"他人占有"。如遗忘在收银台的商品,顾客付款后忘了拿,只要时间较短,就应当认定顾客占有。

4.财物遗失、遗忘在某个相对封闭的场所后,财物由场所管理者占有,此时也属于"他人占有",本案便属于该种情形。如乘客遗忘在出租车内的财物,属于出租车司机占有。

三、专家建议

物归原主既是道德要求,也是法律义务。无论捡到的东西是否属于遗失物,都不应占为己有或随意抛弃、损毁。捡到物品后,应当妥善保管,找到权利人后,应当及时返还,如果找不到权利人,可以送交公安机关处理。切莫因贪小便宜,导致面临法律风险,否则不仅可能面临民事诉讼,更可能因此涉嫌刑事犯罪,最终留下无法抹去的人生污点。

四、关联法条

《中华人民共和国刑法》第二百六十四条。

自助结账超市窃取商品属于犯罪吗

随着移动支付技术的发展，各大连锁超市纷纷推出"自助结账"通道，有些地方还设立了无人值守的全自助超市。消费者感受到了高科技带来的便捷的同时，却也有一些消费者动起了歪心思，偷换价签、以小买大，或者拿多付少，故意漏扫。自助结账超市正日益成为盗窃案件的高发区域。令人诧异的是，办案单位发现，很多不法行为人不仅不是生活窘迫群体，反而是具有相当知识层次、良好教养、社会地位的人士，而该犯罪记录往往使他们丢了工作、前程、颜面，甚至是命运的重大逆转。

一、案例简介

（一）基本案情

2020年10月4日至30日间，被告人杨某某在北京市朝阳区某超市内，4次盗窃商场在售商品，被盗商品进货价共计人民币638.4元。2020年11月6日，被告人杨某某再次到上述超市盗窃在售商品（进货价共计259.3元），后被查获归案，11月6日所窃商品已起获并发还被盗单位。①

（二）法院判决

北京市朝阳区人民法院经审理认为，被告人杨某某多次实施

---

① 详情可参见（2023）京0105刑初2054号刑事判决书。

盗窃行为，事实清楚，证据确实、充分，指控的盗窃罪名成立。被告人杨某某给被害单位造成的经济损失，本院依法责令其予以退赔。鉴于被告人杨某某案发后如实供述犯罪事实，部分被盗商品已起获并发还了被害单位，当庭认罪认罚，具有从轻处罚之情节。本院根据其犯罪情节以及上述量刑情节，认为公诉机关所提量刑建议适当，本院予以采纳。依照《中华人民共和国刑法》（以下简称《刑法》）第二百六十四条、第五十二条、第五十三条、第四十二条、第四十四条、第六十七条第三款、第六十一条、第六十四条及《最高人民法院、最高人民检察院关于办理盗窃刑事案件适用法律若干问题的解释》（以下简称《盗窃罪司法解释》）第三条、第十四条和《中华人民共和国刑事诉讼法》第十五条之规定，判决被告人杨某某犯盗窃罪，判处拘役4个月，罚金人民币1000元。

二、以案说法

《刑法》第二百六十四条规定："盗窃公私财物，数额较大的，或者多次盗窃、入户盗窃、携带凶器盗窃、扒窃的，处3年以下有期徒刑、拘役或者管制，并处或者单处罚金；数额巨大或者有其他严重情节的，处3年以上10年以下有期徒刑，并处罚金；数额特别巨大或者有其他特别严重情节的，处10年以上有期徒刑或者无期徒刑，并处罚金或者没收财产。"

（一）哪些行为可以成立盗窃罪

1. 盗窃数额较大

《盗窃罪司法解释》第一条规定：盗窃公私财物价值1000元至3000元以上、3万元至10万元以上、30万元至50万元以上的，应当分别认定为《刑法》第二百六十四条规定的"数额较大"、"数额巨大"、"数额特别巨大"。各省、自治区、直辖市高级人民法院、人民检察院可以根据本地区经济发展状况，并考虑社会治安状况，在前款规定的数额幅度内，确定本地区执行的具体数额标准，报最高人民法院、最高人民检察院批准。该解释第二条规定：盗窃公私财物，具有下列情形之一的，"数额较大"的标准可以按照前条规定标准的50%确定：(1)曾因盗窃受过刑事处罚的；(2)一年内曾因盗窃受过行政处罚的；(3)组织、控制未成年人盗窃的；(4)自然灾害、事故灾害、社会安全事件等突发事件期间，在事件发生地盗窃的；(5)盗窃残疾人、孤寡老人、丧失劳动能力人的财物的；(6)在医院盗窃病人或者其亲友财物的；(7)盗窃救灾、抢险、防汛、优抚、扶贫、移民、救济款物的；(8)因盗窃造成严重后果的。

根据《盗窃罪司法解释》的规定，经济发展状况一般的地区，一次盗窃，只要金额达到1000元即属于盗窃数额较大，即可构成盗窃罪；如有《盗窃罪司法解释》规定的8种特殊情况，则盗窃500元即可成立盗窃罪。

2. 多次盗窃

《盗窃罪司法解释》第三条规定：2年内盗窃3次以上的，应当认定为"多次盗窃"。因超市购物为日常生活所需，通过自助结账偷窃物品简单易行，行为人往往出于刺激等心理，经常短期内频繁进入自助结账超市购物。案发后发现，很多行为人往往已经偷盗几次十几次甚至是几十次，很容易就达到了"2年盗窃3次以上"的"多次盗窃"犯罪构成要件。由于"超市盗"案件盗窃对象多是小件食品、日用品等价格低廉物品，涉案金额常常不足千元，达不到"数额较大"的追诉标准，就是因为符合了"多次盗窃"的构成要件才触犯了刑法，从而被追究盗窃罪的刑事责任。

3. 入户盗窃

《盗窃罪司法解释》第三条规定：非法进入供他人家庭生活，与外界相对隔离的住所盗窃的，应当认定为"入户盗窃"。

4. 携带凶器盗窃

《盗窃罪司法解释》第三条规定：携带枪支、爆炸物、管制刀具等国家禁止个人携带的器械盗窃，或者为了实施违法犯罪携带其他足以危害他人人身安全的器械盗窃的，应当认定为"携带凶器盗窃"。

5. 扒窃

《盗窃罪司法解释》第三条规定：在公共场所或者公共交通工具上盗窃他人随身携带的财物的，应当认定为"扒窃"。

（二）"超市盗"案件为何多发

办案单位进行类案分析后发现，此类盗窃主体愈发多元化，很多犯罪嫌疑人都有正当职业，与"以窃为生"的盗窃惯犯明显不同，犯罪嫌疑人主观恶性和社会危害性、人身危险性都相对较小，却承受了"犯罪记录"这一人生中的重大污点。他们在平日的工作生活中往往严格自律、遵纪守法、积极上进，却因一时的贪念、侥幸、刺激心理堕入犯罪的深渊，"如果有人发现了，我就说是忘记付款了""这东西不值多少钱，偷一个没事"。由于不懂法律，一些犯罪嫌疑人甚至不知道自己的行为已经构成犯罪。

除行为人自身问题外，不健全的商超自助结账模式也是盗窃案件频发的制度性诱因。如部分超市预防措施不到位，店内缺乏警示提示，没有设置安全门警报，一些超市物品未贴防盗磁扣，也没有设置未扫码报警装置，商超自助结账通道建设缺乏相应的行业标准，等等。有超市在发现偷窃者实施盗窃后，不在第一时间报警，而是留存监控录像等证据，待其多次下手、作案达到入罪标准后再报警将其抓获。还有超市安保人员在控制嫌疑人后，利用犯罪嫌疑人急于求和心理，索要高额赔偿甚至予以敲诈勒索。

三、专家建议

因为金额小，行为人往往不认为自己在偷，而往往认为是恶作剧或者为了刺激。须知小偷小摸不可为，勿以恶小而为之。多次盗窃即构罪，身陷囹圄终后悔。提醒广大民众，切莫因一时贪念，或者为寻求刺激而顺手牵羊。遵纪守法、诚实信用是每个公民应尽的社会责任和法律义务。同时，也建议商超企业加强数字化升级改造，完善自助结账防盗设施建设，担负起企业的社会责任，促进社会问题标本兼治。

四、关联法条

《中华人民共和国刑法》第二百六十四条；最高人民法院、最高人民检察院《关于办理盗窃刑事案件适用法律若干问题的解释》（法释〔2013〕8号）。

想当网红？别被 MCN 机构骗了！

网红主播流量聚集到变现屡见不鲜，网红孵化服务机构（MCN 机构）从全面推开专业孵化到平台算法推送等都体现了网红经济当前高歌猛进的趋势，也意味着网红经济已经形成了孵化、推送、变现等完整的产业链。然而，网红经济的蓬勃发展也面临着各种各样的挑战，经营主体和从业者水平参差不齐，产业竞争进入白热化阶段，行业迅速发展与监管趋严等种种矛盾浮出水面。

一、案例简介

（一）基本案情

被告人肖某以自己或他人名义注册成立了多家公司，用于互联网经营或业务资金流转等。同时，被告人以上述多家公司名义签约了淘宝认证资格的 MCN 机构，并以另一公司名义在百度等网站投放"代办开通淘宝直播权限、淘宝直播浮现权、推广引流等业务"的搜索引擎广告。

在公司架构上，被告人肖某的公司设立了客服、操作、售后等专职部门，这些部门统一由肖某组织运行。公司运营过程中，肖某招募多名员工，并让这些员工分别负责微信号掌管、成单统计、工资核算、资金流转、交易践诺、业务操作、售后服务等职责。

在业务运转中，客服通过肖某培训，有了吸引不同需求客户的技巧。在涉案实际业务中，肖某公司通过网站对外宣传，吸引客户与客服人员通过微信进行联系。客服以时限内保证开通、真实的直播间粉丝量、观看量、提供货源、权重提升等展开话术引诱，以公司资质等让用户信服。通过先付定金、刷数据提升观看量等取得客户信任，骗取客户资金。之后，拖延开通时间或提出配合条件，不能开通或无法实现预计效果，并拒绝退款。通过上述手段骗取被害人16人共计92900元。

同时，被告人肖某通过相关平台购买数据，使用程序植入的方式为客户刷量。从直播开始，直播间短时间内点击率上升至直播结束前达到承诺的数量要求。

(二) 法院裁决

一审法院认为，被告人肖某等不具备向被害人承诺的提升观看量、开通淘宝直播浮现权[①]等能力，无实际履行能力。被告人利用电信网络技术手段，虚假承诺、隐瞒真相、设置骗局，谎称能够通过内部手段帮助获取直播浮现权，利用软件炮制虚假粉丝和流量使被害人产生错误认识，非接触性诱使被害人交付财物，属于欺诈性的消费诱导；合同签订后拖延履行或找借口拒绝履行，并无履行的实际行为，对客户的退款要求敷衍逃避，明显具有非法占有财物的主观故意。综上，被告人肖某等的行为均构成诈骗罪。法院依照《中华人民共和国刑法》(以下简称《刑法》)第二百六十六条判处被告人肖某有期徒刑4年，并处罚金人民币5

[①] 直播浮现权，指直播间将有机会在淘宝直播频道展示，展示为千人千面个性化推荐，不保证百分百展示；系统会根据直播间直播数据在直播频道内展示部分优秀的店铺，数据包括但不仅限于：累计观看、宝贝点击、直播间流量、粉丝观看时长、粉丝回访、商品点击效果、粉丝点赞、直播加购、分享宝贝、粉丝互动(抢红包、抽奖等)、粉丝关注等。参见淘宝官网：https://helpcenter.taobao.com/servicehall/knowledge_detail？knowledgeId=20288163。

万元。

宣判后，被告人不服提出上诉。二审法院裁定驳回上诉，维持原判。

二、以案说法

（一）诈骗还是民事纠纷？

《刑法》第二百六十六条对诈骗罪作出了规定："诈骗公私财物，数额较大的，处3年以下有期徒刑、拘役或者管制，并处或者单处罚金；数额巨大或者有其他严重情节的，处3年以上10年以下有期徒刑，并处罚金；数额特别巨大或者有其他特别严重情节的，处10年以上有期徒刑或者无期徒刑，并处罚金或者没收财产。本法另有规定的，依照规定。"对于电商第三方服务机构未按照约定提供服务事项的情形，民事诉讼主要关注机构是否履行了合同义务，刑事诉讼主要关注是否具有非法占有目的。因此，非法占有目的是区分诈骗与民事纠纷的关键。

一个人的主观目的，往往通过客观行为来推定。具体到本案，主要是通过以下几点判断行为人具有非法占有目的：

1. 本案行为人不具备履行交易的实际能力

本案中，淘宝对涉案公司并没有特别的政策优惠，本案公司宣传的直播浮现权等也取决于直播场次、时长、在线观看量、观看停留、成交等积分，这些都需要实际数据的支持，因为只有真实的淘宝直播粉丝才能带来真实的成交。然而本案被害人通过涉案公司提升的数据均为虚假的，被害人并没有真实存在的粉丝群体。被告人虽然通过购买数据等在直播时间内完成了约定的观看量等服务，但无法保持粉丝量的持续稳定，呈现出了实时流量的虚假性。由此可见，被告人并不具备实际交易的能力。

2. 本案行为人采取了欺骗手段

在与被害人签约时，客服通过承诺数日内开通淘宝直播浮现权、时限内保证开通、真实的直播间粉丝量、观看量、提供货源、权重提升等诈骗话术，以上均为欺骗手段。

3. 本案行为人取得财物后并未按要求履行

被害人付款后，被告人并未实际落实承诺，而是选择遇到机会时仅做表面文章、直接敷衍搁置、通过故意拖延时间的方式等待"好运降临"、淘宝规则更改等为借口，破坏了原有的履约条件，超出了对方的期望，同时掩饰了其本无履行合同的能力和诚意的真相。

4. 本案行为人违约后拒绝承担责任

在获得财物之前，被告人表现得积极主动，通过主动询问、及时回复、给予答应、打消疑虑等方式，积极与被害人联系。然而，一旦涉及操作纠纷和退赔主张，被告人却采取逃避、敷衍回复甚至不回复的方式，显露出明显的恶意占有行为，完全没有承担责任的真实意图。

因此，本案行为人符合诈骗罪构成要件，行为人的客观行为可推定其主观上具有非法占有目的，不属于民事欺诈。

（二）到底骗了多少钱？

诈骗罪需要被害人基于虚构的事实、陷入错误的认识，自愿交付财物，最终导致实际损失，才能明确犯罪数额。本案中，与开直播不同，直播浮现权开通门槛更高，在被告人以低成本购买软件虚构点赞、粉丝、评论数据的情况下，实质上是刷量制造虚假流量，无法实现表象流量所对应的推介效应。被告人无视被害人寻求真实人气流量的需求，通过习惯、稳定、重复的行为模式，揭示了对被害人的误导欺骗，侵害了被害人的知情权和选择权。

在诈骗数额的认定中,应当基于不同层级认定不同的犯罪数额,本案中,机构创立人应对整个共同犯罪负责,对诈骗总额负责;其他人员如果未全程参与或只是在被抓获的时间段内参与,或者只是执行诈骗行为,就应该承担相应的刑事责任。

三、专家建议

网红经济发展的关键在于网络流量,但流量狂飙之下,多个平台滋生数据造假、虚假带货、假冒伪劣等直播乱象。随着国家监管的趋严,一方面,MCN机构要做好合规,谨防跌入刑事犯罪的泥淖;另一方面,网红时代人人想火想赚快钱,一定要擦亮眼睛,在选择MCN机构时做好调查。在"全民皆可当主播"的今天,无论是第三方服务机构还是个人,都要铭记"欲速则不达",只有"细水才能长流"。

四、关联法条

《中华人民共和国刑法》第二百六十六条。

警惕"身边人"的诈骗

亲朋好友本应该是人们在社会交往中关系最为亲密的人，大家彼此之间建立了充分的信任，拥有深厚的感情基础。在生活当中，人们对于亲友所说的"特殊关系"往往深信不疑，而行为人正是利用了这种信任关系，并抓住部分人想通过某些"关系"或看似合理的渠道获得不正当乃至非法利益的心理，使人们降低警惕性，从而骗取财产。

一、案例简介

（一）基本案情

2019年9月至2020年1月，被告人梁某某、林某1经预谋后，向被害人潘某某（林某1朋友）谎称梁某某的叔叔系公安系统领导，可以办理北京户口，并以此为由骗取被害人潘某某人民币90万元。

后来，被告人梁某某再次以其叔叔系公安系统领导为由，谎称能够帮助被害人林某2（林某1之父）的亲友办理北京户口为名，骗取被害人林某2的信任，后被害人林某2向林某1转账50余万元，林某1收到上述钱款后全部转账给被告人梁某某用于所谓"办理北京户口"。

2020年5月5日,被告人林某1、梁某某向公安机关投案。①

(二)法院裁决

1. 一审判决

一审法院认为,被告人梁某某单独或伙同被告人林某1诈骗他人财物,数额特别巨大,被告人梁某某、林某1的行为均已构成诈骗罪,依法应予处罚。鉴于被告人梁某某能够主动投案,如实供述大部分犯罪事实,系自首,且能退赔部分被害人经济损失,故对其予以从轻处罚。被告人林某1在共同犯罪中系从犯,且能主动投案,并取得被害人谅解,故对其予以减轻处罚。据此,一审法院判决:(1)被告人梁某某犯诈骗罪,判处有期徒刑11年,剥夺政治权利2年,并处罚金人民币11万元。(2)被告人林某1犯诈骗罪,判处有期徒刑6年,并处罚金人民币6万元。(3)责令被告人梁某某退赔被害人林某2经济损失。

2. 终审判决

一审宣判后,梁某某等人提出上诉。二审法院经审理后认为,原判认定事实及适用法律正确,定罪准确,责令梁某某退赔被害人林某2经济损失无误,审判程序合法,但对林某1量刑偏重,且梁某某家属在本院审理期间全额退赔被害人林某2经济损失,对梁某某的量刑亦需要予以减轻处理,故依法予以改判。最终判处梁某某有期徒刑9年,并处罚金人民币9万元;判处林某1有期徒刑4年,并处罚金人民币4万元。

二、以案说法

本案中,二被告人利用了亲友间的信任,假借可以办理北京

---

① 详情可参见(2023)京02刑终84号刑事判决书。

户口,从而骗取了亲友的财物。那么,对于这种发生在亲友之间的诈骗,实践中应当如何处理呢?

(一)诈骗亲友财物的行为构成犯罪

我们要认识到,诈骗罪是指以非法占有为目的,使用欺骗方法,骗取数额较大的公私财物的违法行为,其所侵犯的客体是公私财物的所有权,并未对被害人的身份进行限制性或禁止性的规定,因此,诈骗亲友财物符合诈骗罪标准的,同样构成犯罪,依法可以追究行为人的刑事责任。

(二)诈骗近亲属财物实践中如何处罚

最高人民法院、最高人民检察院《关于办理诈骗刑事案件具体应用法律若干问题的解释》第四条规定:"诈骗近亲属的财物,近亲属谅解的,一般可不按犯罪处理。诈骗近亲属的财物,确有追究刑事责任必要的,具体处理也应酌情从宽。"那么,什么是刑事诉讼中的"近亲属"呢?《中华人民共和国刑事诉讼法》第一百零八条第六款明确规定:"近亲属"是指夫、妻、父、母、子、女、同胞兄弟姊妹。也就是说,诈骗上述人员的财物,但事后取得被害人谅解的,才有可能不作为犯罪处理,其他人员则不在此列。作出这一规定,主要是考虑诈骗近亲属财物的案件,在社会危害性方面与诈骗其他单位或者个人财物的案件有所不同,对这类案件处理体现区别对待政策,既符合量刑的一般原则,也有利于维护家庭和社会关系的稳定。

本案中,林某1与梁某某诈骗林某2财物50余万元,正是因为林某1与被害人林某2系父女关系,林某2事后对林某1表示了谅解,所以公诉机关针对该起犯罪事实并未指控林某1构成诈骗罪,只追究了梁某某的刑事责任。

三、专家建议

诈骗的手段花样百出，我们要时刻保持警惕。即使是身边关系较为亲密的亲属、朋友，提出有"关系"可以"办理户口""车牌摇号"等，我们也要冷静思考，想一想对方所说的事情在正规渠道下是否能够实现，如果答案是否定的，却一味地相信所谓的"关系"、抱着"花钱好办事"的心理，只能是为那些早已在暗中标注好的"价码"付费。天上不会掉馅饼，任何无根据的获利背后都可能隐藏着陷阱，对于越是符合自己心理的高预期承诺越要提高警惕，否则最终可能落到人财两空的境地。如果不幸遭遇了诈骗，那么一定要保存好证据，第一时间报警，寻求正当途径解决问题。

四、关联法条

《中华人民共和国刑法》第二百六十六条、第二十五条、第六十七条；《中华人民共和国刑事诉讼法》第一百零八条第六款；《最高人民法院、最高人民检察院关于办理诈骗刑事案件具体应用法律若干问题的解释》第四条。

"借钱不还"什么情况下构成诈骗罪

民间借贷是指自然人、法人和非法人组织之间进行资金融通的行为。民间借贷纠纷，是因借款人不能按期归还借款而产生的纠纷。一般来说，这属于民事法律关系，受民事法律调整，不产生刑事责任。但是，民间借贷纠纷能否演变为刑事诈骗案件呢？回答是肯定的，而且在现实的司法实务中并不少见。如果借款人没有归还借款意图，以借贷为名欺骗他人交付借款，从而非法占有他人财物；或者借款人明知没有还款能力仍然隐瞒真相予以高额借款，则有可能构成诈骗犯罪，从而被追究刑事责任。

一、案例简介

（一）基本案情

2017年9月，被告人秦某某开网店、做车贷，通过网络向王某1、蔚某借款，并支付高额利息。被告人秦某某为偿还先期借款，又向杨某、伍某、张某等人高息借款，以贷养贷。在开网店失败，又无实际经营项目的情况下，被告人秦某某为了偿还借款本息，在明知没有偿还能力的情况下，以做生意、放贷吃高息、急需用钱为由，承诺由其还本付息并支付好处费为诱饵，诱骗某职业技术学院的梁某某、杨某某、邢某某等40名在校学生以本人名义向"爱又米""分期乐"等网络借款平台申请个人借款，再转借给被告人秦某某。截至2019年3月26日，被告人秦某某共借

40名学生本金764767元，支付同学好处费23550元、偿还本金212227.36元，已还清5名同学借款，被告人秦某某实际诈骗梁某某、杨某某、邢某某等35名被害人，共计528989.64元。[①]

（二）法院判决

河南省安阳市文峰区人民法院经审理并于2020年4月26日作出刑事判决。法院认为，被告人秦某某以非法占有为目的，虚构事实、隐瞒真相，骗取他人钱财共计528989.64元，数额特别巨大，其行为已构成诈骗罪。被告人秦某某当庭尚能如实供述犯罪事实，认罪、悔罪，系坦白，予以从轻处罚。根据《中华人民共和国刑法》（以下简称《刑法》）第二百六十六条、第六十四条、第六十七条第三款之规定，判决被告人秦某某犯诈骗罪，判处有期徒刑10年，并处罚金人民币6万元。

秦某某对一审判决不服，提出上诉。安阳市中级人民法院经审理认为，秦某某以非法占有为目的，在明知其没有实际经营项目、无还款能力的情况下，隐瞒事实真相，以网店周转、急需资金为借口，采用出具借条的手段骗取同学借款，并将所借款项用于偿还个人高息借款，实际造成借款无法偿还，其行为已构成诈骗罪。秦某某实施的是诈骗犯罪，并非普通民间借贷，诈骗金额应全部认定为犯罪数额，借条是否到期，不影响其数额的认定。依照《中华人民共和国刑事诉讼法》第二百三十六条第一款第（一）项的规定，裁定驳回上诉，维持原判。

二、以案说法

诈骗罪，是指以非法占有为目的，采用虚构事实或隐瞒真相

[①] 详情可参见（2020）豫05刑终285号刑事裁定书。

的欺骗方法，使受害人陷于错误认识并"自愿"处分财产，从而骗取数额较大以上公私财物的行为。那么，何谓数额较大、巨大以及特别巨大？根据最高人民法院、最高人民检察院《关于办理诈骗刑事案件具体应用法律若干问题的解释》第一条的规定，诈骗公私财物价值3000元至1万元以上、3万元至10万元以上、50万元以上的，应当分别认定为《刑法》第二百六十六条规定的"数额较大""数额巨大""数额特别巨大"。

（一）借贷式诈骗与民间借贷的区别

"借钱不还"型诈骗，即借贷式诈骗，是指行为人以非法占有为目的，通过借贷的形式，骗取公私财物的诈骗方式。此类犯罪在日常生活中时有发生，由于犯罪嫌疑人通常都是以民间借贷之名，而且多发于亲戚、朋友、熟人之间，因此与民事案件中的债权债务纠纷有一定的相似之处。

民间借贷行为能否认定为诈骗犯罪，核心要点在于行为人是否具有非法占有的目的。如果行为人在借钱时根本就没打算归还，"借钱"只是幌子，则可能构成诈骗罪。

（二）如何判断行为人主观上是否具有非法占有的目的

主观目的是一种意识形态，存在于人的头脑中。评价其主观目的，是否只能凭借其自我陈述？显然，依靠口供是不可靠的。思想决定行动，行为人的主观想法往往都会通过行为表现于外部。实际上，完全可以通过对以下几个方面的考察，来综合分析判断行为人的主观心理状态，而实务中司法机关恰恰也是这么做的。

1. 行为人是否虚构了借款的理由与还款能力

如果行为人在借款时采用虚构事实或隐瞒真相的手段，如虚构投资项目，夸大利润空间，使出借人误认为借出的资金是安全的，能够及时收回甚至还可能有高息回报；或者虚构自己的财务状况，本来已经负债累累或者没有任何偿还能力，却以拥有房屋、土地、豪车、股票等谎言使出借人误以为其有归还能力，都可能涉嫌诈骗犯罪。

2. 行为人如何使用借款

款项借到后，民间借贷借款人会将其用于正常生产生活，或者投资合法渠道以获取收益，保障按时还款。如果借款人正常使用借款，却因为经营不善、投资失败、资金周转不开、不可抗力等客观因素，导致后续没能按期归还借款，则应作为一般债务纠纷处理。反之，诈骗人则因为并不打算归还借款，在财物的使用上往往大肆挥霍，如将借款用于赌博、吸毒或者满足个人奢侈消费等等。

3. 行为人是否有掩饰真实身份或隐匿行踪的行为

在借贷式诈骗中，行为人在骗借时可能以假名、假住址或假证件来掩盖其真实身份，得手后便销声匿迹。也有行为人虽使用真实身份，但在骗得借款后或在出借人追偿过程中，又通过更换手机号码、变更居住地点等方法来隐匿行踪，或以逃跑、隐匿、销毁账目，抽逃、转移资金，隐匿财产，搞假破产、假倒闭等逃避返还资金，这些行为能够反映出行为人不打算归还借款的主观心态，是综合判断非法占有目的的重要依据。

三、专家建议

为了防范自身的民间借贷行为终因后续无力偿还而被出借人提出刑事控告追究刑事责任，借款人在借款时应如实陈述借款用途与还款能力，签订清晰明确的借款协议，开展真实的投资经营活动。在经济增速放缓、金融借贷纠纷频发的大背景下，很多企业经营者资不抵债，要防范出现经济纠纷被当作犯罪处理的不利局面。另外，作为出借人，也要准确识别借款的人的借款目的与经济实力，不为高息所惑，避免造成难以挽回的经济损失。

四、关联法条

《中华人民共和国刑法》第二百六十六条；最高人民法院、最高人民检察院《关于办理诈骗刑事案件具体应用法律若干问题的解释》（法释〔2011〕7号）。

反向刷单：聪明反被聪明误

如何在交易双方付款和收货存在时间差的情况下保护双方的合法权益？如何将更多流量导向优质商家以促进良性循环？为此，各大互联网平台形成了各类交易规则和推荐算法。然而，有规则就有人滥用规则，司法实务中已出现多个被告人利用互联网规则打击竞争对手或报复商家而触犯破坏生产经营罪的案例。

一、案例简介

（一）基本案情

2017年8月初，被告钟某为打压竞争对手王某经营的网店，通过QQ与梁某联系，谎称王某店铺为其本人所有，雇用梁某召集淘宝刷单人员恶意在王某经营的网店进行刷单，共计刷单1998单。2017年8月10日，天猫平台通知王某店铺存在虚假交易，卖家存在非常规方式获得虚假的商品销量、店铺评分、信用积分、商品评价等不当利益的行为。刷单后，刷单人员申请退款成功但未退回刷单的物品有1247个订单，共计退款37285.3元；因虚假地址造成退款退货的有571单，网店为此实际支出来回运费9097元。[①]

[①] 详情可参见（2018）浙07刑终602号刑事判决书。

（二）法院裁决

1. 一审判决

一审法院综合上述事实，认定钟某的反向刷单行为造成王某的网店直接经济损失人民币 4 万余元，并使该店铺面临违规处罚、搜索降权、被封店的可能，给该店造成了较大的损失，以破坏生产经营罪判处被告钟某有期徒刑 2 年 3 个月。

2. 终审判决

二审中被告人钟某及辩护人辩护提出，原判认定王某的网店直接损失过高，请求予以改判或发回重审。二审法院认为被告人钟某出于个人目的，用恶意刷单的形式破坏他人正常生产经营，其行为已构成破坏生产经营罪。王某的网店因被告人钟某指使他人恶意刷单而遭受人民币 4 万余元经济损失，该损失与钟某破坏生产经营行为间有直接因果关系，原判认定该损失数额并无不当。原判认定事实清楚，证据确实、充分，适用法律正确，审判程序合法，根据被告人钟某犯罪的事实、性质、社会危害程度、认罪悔罪表现等，所作量刑适当。驳回上诉，维持原判。

二、以案说法

本案争议焦点有二：一是钟某的行为是否属于破坏生产经营罪的"其他方法"？二是损失数额如何认定？

（一）如何理解破坏生产经营罪中的"其他方法"？

破坏生产经营罪，是指由于泄愤报复或者其他个人目的，毁坏机器设备、残害耕畜或者以其他方法破坏生产经营的行为。破坏生产经营罪源自 1979 年《中华人民共和国刑法》（以下简称《刑法》）第一百二十五条规定的破坏集体生产罪，旨在保护集体生产的正常进行。随着市场经济的发展，1997 年《刑法》将破坏集体生产罪改为破坏生产经营罪，并将之从破坏社会主义经济秩序罪一章调整至侵犯财产罪一章，体现了时代变更下该罪的调整范围和保护法益的变化。如今，司法实务中破坏生产经营罪的"其他方法"囊括了多种新方式，而不再局限于"毁坏机器设备、残害耕畜"这类直接破坏生产资料的行为，如：

1. 反向刷单：通过反向刷单以触发购物平台的处罚机制，导致被刷单店铺搜索排名被降权。

2. 恶意订票：预订大量机票后既不支付也不取消订单，致使被订购机票无法正常销售。

3. 阻碍施工：因对补偿款不满、担心水源断流等原因，实施阻碍、妨害施工行为，给施工单位造成较大数额的误工损失。

本案中，行为人出于打压竞争对手的目的，通过反向刷单行为给王某店铺造成直接损失达4万余元，属于以"其他方法破坏生产经营"，成立本罪。

（二）损失数额如何认定？

根据2008年6月25日最高检、公安部发布的《关于公安机关管辖的刑事案件立案追诉标准的规定（一）》第三十四条的规定，由于泄愤报复或者其他个人目的，毁坏机器设备、残害耕畜或者以其他方法破坏生产经营，造成公私财物的损失达到5000元以上的，应当予以立案追诉。此处的公私财物的损失指直接损失，即因遭受不法侵害而使现有财产的必然减少或消灭，不包括可预期利益、间接损失。

另外，该规定还列举了其他三类立案标准：破坏生产经营3次以上的、纠集3人以上公然破坏生产经营的或其他破坏生产经营应予追究刑事责任的情形。

三、专家建议

市场经济的发展和繁荣必然伴随着规则的制定和完善,这些规则提高了交易效率,有助于建立交易双方的信任关系。在从事生产经营的过程中,参与者应当坚守诚信原则,通过正当手段参与市场竞争,不滥用各类市场和平台规则打压竞争对手或报复泄愤,否则不仅可能影响到本企业的发展,还可能给自己带来牢狱之灾。诚信经营、踏实服务既是企业做大做强的有力保障,也是对企业主自己最好的保护。

四、关联法条

《中华人民共和国刑法》第二百七十六条;《关于公安机关管辖的刑事案件立案追诉标准的规定(一)》第三十四条。

劳动报酬受刑法保护

每逢春运，数以亿计的人们结束了一年的辛劳，领取应得的报酬，喜气洋洋地踏上返乡的旅程。然而，用工单位、项目负责人或包工头拖欠劳动者薪资的现象时有发生，严重侵害了劳动者的合法权益。对此，我国在《刑法修正案（八）》中新增了拒不支付劳动报酬罪，以加强对劳动者权益的保护。

一、案例简介

（一）基本案情

2017年5月，江苏A劳务服务有限公司与中煤B集团机电安装工程有限公司签订同煤集团北辛窑煤业公司选煤厂机电安装工程劳务分包合同，合同价款暂定400万元。合同签订后，项目负责人张某1（本案被告）和张某2雇用牛某负责施工现场管理。牛某联系工人做工，2018年5月工程完工。截至2019年3月，中煤B集团机电安装工程有限公司共支付江苏A劳务服务有限公司工程款3999996元，江苏A劳务服务有限公司收到工程款后，未支付牛某等7人工资。

2019年，牛某曾就此事到省级部门上访。2019年5月16日，宁武县人力资源和社会保障局作出宁人社监令字（2019）第001号劳动保障责令改正决定书，责令江苏A劳务服务有限公司于2019年6月1日前支付工人工资。江苏A劳务服务有限公司法定代表人张某1收到责令改正决定书后仍拒不履行。

被告人张某1到案后，张某2于2019年9月19日将拖欠王某工资29000元全部支付；于2019年9月23日前分批将拖欠曾某、钟某、吴某、曾某4人工资共计33400元全部支付；于2020年7月15日前，分批将拖欠牛某的工资及垫付款（141000元）共计465000元全部支付。①

（二）法院裁决

1. 一审判决

一审法院认为，被告人张某1有能力支付而拒不支付劳动报酬，数额较大，经有关部门责令支付后仍拒不支付，其行为构成拒不支付劳动报酬罪。被告人张某1自愿认罪认罚，案发后已支付劳动报酬，可酌情从轻处罚，以拒不支付劳动报酬罪判处张某1有期徒刑1年6个月，并处罚金5000元。

2. 终审判决

一审宣判后，被告人张某1提起上诉。二审法院查明，牛某本人工资为25000元/月，拖欠13个月共计325000元；截至宁武县人民检察院提起公诉前，张某2已将拖欠的工人工资全部支付，并取得牛某、吴某的谅解。二审审理期间，张某1委托其亲属主动缴纳一审判决确定的罚金5000元，经委托，徐州市泉山区司法局出具调查评估意见书，认为被告人张某1基本具备适用社区矫正的条件。综合考虑上诉人张某1的犯罪事实、情节及认罪悔罪态度，二审法院以拒不支付劳动报酬罪判处张某1有期徒刑1年，缓刑2年，并处罚金5000元（已缴纳）。

---

① 详情可参见（2020）晋09刑终357号刑事判决书。

二、以案说法

拒不支付劳动报酬罪，是指单位或个人以转移财产、逃匿等方法逃避支付劳动者的劳动报酬或者有能力支付而不支付劳动者的劳动报酬，数额较大，经政府有关部门责令支付仍不支付的行为。对于本罪的成立条件，可以从以下几个方面把握。

（一）行为主体

本罪的行为主体是负有向劳动者支付报酬义务的单位或个人。根据《最高人民法院关于审理拒不支付劳动报酬刑事案件适用法律若干问题的解释》（以下简称《解释》）第七条、第八条规定，该行为主体包括用人单位的实际控制人、不具备用工主体资格的单位或个人。

（二）行为方式

要成立本罪，在行为方式上需同时具备三个条件。

第一，有能力支付而不支付劳动者的劳动报酬。《解释》第二条明确了应当认定为"以转移财产、逃匿等方法逃避支付劳动者的劳动报酬"的4种情形：

1. 隐匿财产、恶意清偿、虚构债务、虚假破产、虚假倒闭或者以其他方法转移、处分财产的；

2. 逃跑、藏匿的；

3. 隐匿、销毁或者篡改账目、职工名册、工资支付记录、考勤记录等与劳动报酬相关的材料的；

4. 以其他方法逃避支付劳动报酬的。

劳动报酬包括工资、奖金、津贴、补贴、延长工作时间的工资报酬及特殊情况下支付的工资等。应当注意的是，"以转移财产、逃匿等方法逃避支付劳动者的劳动报酬"实际上属于有能力支付而不支付劳动者的劳动报酬的方式的一种，只有在以逃避支付劳动报酬为目的实施上述行为时，才构成本罪。换言之，判断本罪成立的核心标准不在于是否实施了隐匿财产、逃跑、藏匿等行为，而在于行为人是否有能力支付而不支付劳动报酬。

第二，经政府有关部门责令支付仍不支付。根据《解释》第四条，经人力资源社会保障部门或者政府其他有关部门依法以限期整改指令书、行政处理决定书等文书责令支付劳动者的劳动报酬后，在指定的期限内仍不支付的，应当认定为"经政府有关部门责令支付仍不支付"，但有证据证明行为人有正当理由未知悉责令支付或者未及时支付劳动报酬的除外。可见，责令应当采取书面、会议等正式方式，不包括政府有关部门的电话、口头责令。

第三，数额较大。《解释》第三条规定了"数额较大"需拒不支付一名劳动者3个月以上的劳动报酬且数额在5000元至2万元以上，或拒不支付10名以上劳动者的劳动报酬且数额累计在3万元至10万元以上的。各省、自治区、直辖市高级人民法院可以根据本地区经济社会发展状况，在前款规定的数额幅度内，研究确定本地区执行的具体数额标准，报最高人民法院备案。

（三）刑罚裁量

根据《解释》第六条规定，拒不支付劳动者的劳动报酬，尚未造成严重后果，在刑事立案前支付劳动者的劳动报酬，并依法承担相应赔偿责任的，可以认定为情节显著轻微危害不大，不认为是犯罪；在提起公诉前支付劳动者的劳动报酬，并依法承担相应赔偿责任的，可以减轻或者免除刑事处罚；在一审宣判前支付劳动者的劳动报酬，并依法承担相应赔偿责任的，可以从轻处罚。可见，在案发后越早支付劳动报酬，行为人所承受的不利后果越轻。本案中在检察院提起公诉前，张某2已将拖欠的工人工资全部支付,因而可以减轻刑事处罚。

三、专家建议

社会的运转离不开每一位劳动者勤勤恳恳地工作,离不开每一个岗位的贡献。保障劳动者的合法权益,是每个用工主体应尽的法定义务。劳动报酬作为劳动者合法权益中最为核心的部分,支撑起了劳动者和劳动者家庭的生活和发展所需。拒不支付劳动报酬的行为入刑,体现了我国加强和完善劳动者保护的坚定态度。建立良好的劳动市场秩序,是共建美好社会的必然要求。

四、关联法条

《中华人民共和国刑法》第二百七十六条;《最高人民法院关于审理拒不支付劳动报酬刑事案件适用法律若干问题的解释》第一条至第九条。

五、妨害社会管理秩序罪

谨防网络犯罪，莫入"帮信"陷阱

帮助信息网络犯罪活动罪，是 2015 年《中华人民共和国刑法修正案（九）》新增罪名，俗称"帮信罪"，是指明知他人利用信息网络实施犯罪，为其犯罪提供互联网接入、服务器托管、网络存储、通信传输等技术支持，或者提供广告推广、支付结算等帮助的行为，与电信诈骗等网络犯罪联系紧密，被称为网络犯罪"工具人"。

一、案例简介

（一）基本案情

2019 年 5 月至 2020 年 6 月，被告人张某明知他人可能利用信息网络实施违法犯罪，在北京市朝阳区等地，先后办理中国工商银行、中国建设银行、中国邮储银行等多家银行的银行账户，后出售给他人使用。有多名网络诈骗案件被害人钱款转入被告人张某所开立的上述银行账户，经统计，上述银行账户支付结算金额共计人民币 90 余万元。被告人张某从中获利人民币 1 万元。[1]

（二）法院判决

1. 一审判决

一审法院认为，被告人张某明知他人利用信息网络实施犯罪，

---

[1] 详情可参见（2021）京 03 刑终 515 号刑事裁定书。

为他人提供银行卡进行转账，情节严重，其行为触犯了刑法，已构成帮助信息网络犯罪活动罪，依法应予惩处。鉴于被告人张某归案后如实供述犯罪事实，故对其所犯罪行依法予以从轻处罚。张某之违法所得，应予以没收，在案之手机1部，系犯罪工具，亦予以没收。故判决：被告人张某犯帮助信息网络犯罪活动罪，判处有期徒刑1年2个月，罚金人民币1万元；继续追缴被告人张某违法所得人民币1万元，予以没收；扣押在案之手机1部，亦予以没收。

2. 二审裁定

二审法院认为，上诉人张某明知他人利用信息网络实施犯罪，为他人提供支付结算帮助，情节严重，其行为已构成帮助信息网络犯罪活动罪，依法应予惩处。张某的相关银行账户内的支付结算金额已超过人民币20万元，属于《最高人民检察院、最高人民法院关于办理非法利用信息网络、帮助信息网络犯罪活动等刑事案件适用法律若干问题的解释》第十二条规定的"情节严重"的情形，故一审判决对张某的行为定性准确。其次，帮助信息网络犯罪活动罪系妨害社会管理秩序的犯罪，据以量刑的社会危害性应结合支付结算金额及帮助行为的次数、手段、时间长短、违法所得等综合予以认定，一审判决虽计算支付结算金额有误，但认定其他事实清楚，且综合考量张某售卖银行账户数量多、时间长、熟悉相关交易规则等具体情况及张某所具有的全部量刑情节，量刑仍属适当。故裁定驳回上诉，维持原判。

二、以案说法

本案的争议焦点主要有两个：一是被告人张某的行为是否构成帮助信息网络犯罪活动罪？二是张某的量刑是否适当？

（一）是否构成帮助信息网络犯罪活动罪

首先，构成帮信罪要求行为人"明知"他人利用信息网络实施犯罪。当行为人具有经监管部门告知后仍然实施有关行为、交易价格或者方式明显异常、提供专门用于违法犯罪的程序、工具或者其他技术支持、帮助等情形时，即可认定其符合"明知"这一主观要件。在作出具体认定时，法院还会综合考虑行为人出租、出售"两卡"的数量、行为人的认知能力、既往经历、交易对象、与实施信息网络犯罪的行为人的关系、提供技术支持或者帮助的时间和方式、获利情况以及行为人的供述等主客观因素。

其次，具体的帮助行为主要有以下4种方式：1."两卡"类，向他人出租、出售银行卡（含银行账户、非银行支付账户等）、手机卡（含流量卡、物联网卡等），用于接收、转移相关款项；2."跑分"类，登录特定平台为网络犯罪团伙提供转账帮助从而将赃款"洗白"；3."吸粉"类，为他人提供推广帮助，以"刷单""抢红包""投资指导"等名义邀请被害人进群或下载APP，后由电信诈骗团伙实施诈骗；4."技术"类，通过架设虚拟拨号设备、开发网络程序、制作运营网站等方式提供技术支持。

再次，构成帮信罪需要达到"情节严重"，具体包括：为3个以上对象提供帮助；支付结算金额20万元以上；以投放广告等方式提供资金5万元以上；违法所得1万元以上；2年内曾因非法利用信息网络、帮助信息网络犯罪活动、危害计算机信息系统安全受过行政处罚，又帮助信息网络犯罪活动；被帮助对象实施的犯罪造成严重后果等。

最后，本案中，被告人张某先后办理中国工商银行、中国建设银行、中国邮储银行等多家银行的大量银行账户，出售给他人使用，属于"明知他人利用信息网络实施犯罪"，仍"为其犯罪提供支付结算帮助的行为",且其支付结算金额已超过人民币90万元、获利人民币1万元,达到"情节严重",因此被告人张某的行为构成帮助信息网络犯罪活动罪。

(二)是否妥当量刑

根据《中华人民共和国刑法》第二百八十七条之二的规定,构成帮助信息网络犯罪活动罪的,处3年以下有期徒刑或者拘役,并处或者单处罚金。法院通常会通过综合考量行为人主观恶性、涉案金额(支付结算金额、涉诈资金、获利情况等)、一般从轻减轻情节(坦白、自首、认罪认罚、退赃退赔等)、特殊情节(未成年人、在校学生)等因素来评价行为人的社会危害程度并进行量刑处罚。本案中,二审法院综合考虑被告人张某帮助行为的次数、手段、时间长短、支付结算金额、违法所得、对相关交易规则的熟悉程度、归案后如实供述犯罪事实等全部量刑情节,给予适当量刑。

三、专家建议

有偿出租银行卡、电话卡、身份证,帮助他人"跑分"轻松赚快钱,这些看起来"零成本""高收入"的工作很可能使你落入不法分子的陷阱。因此,一方面,要妥善保管自己的身份证、手机卡、银行卡等重要证件以及账号、密码等个人信息,防止个人信息被窃取滥用;另一方面,更不要主动出租、出借、出售自己的银行卡、手机卡和各种三方支付、社交媒体账号,不轻信网络虚假宣传,不点击不明链接,不进行网络刷单,谨防"帮助"变"帮凶"。

四、关联法条

《中华人民共和国刑法》第二百八十七条;《最高人民法院、最高人民检察院关于办理非法利用信息网络、帮助信息网络犯罪活动等刑事案件适用法律若干问题的解释》第十一条、第十二条;《最高人民法院、最高人民检察院、公安部关于办理电信网络诈骗等刑事案件适用法律若干问题的意见（二）》第七条、第八条、第九条。

辩称银行卡、电话卡丢失，看司法机关如何采信

在数字化支付和通信日益便捷的今天，银行卡和电话卡已成为我们生活中不可或缺的金融工具与沟通手段。然而，随着科技的进步，它们也成为不法分子实施诈骗的重要载体。公民应当有对自身的银行卡、电话卡进行妥善保管的法律责任，必须时刻警醒，切勿因贪图小利或轻信他人而将自己的银行卡、电话卡随意借出，以免成为诈骗分子的帮凶，触碰法律底线，最终造成不可挽回的损失。

一、案例简介

（一）基本案情

2020年5月，被告人张某某办理银行卡后，明知他人利用银行卡从事犯罪活动，仍将银行卡提供给他人使用，相关账户被用于接收电信网络诈骗钱款。经查，该账户接收卢某某被骗款项累计人民币30万元，该账户结算数额累计人民币110余万元。[①]

（二）法院裁决

法院认为，被告人张某某明知他人利用信息网络实施犯罪，

[①] 详见（2021）京0101刑初953号刑事判决书、（2023）京02刑终70号刑事裁定书。

仍为上述犯罪提供帮助，情节严重，其行为已构成帮助信息网络犯罪活动罪，依法应予刑罚处罚。北京市东城区人民检察院对被告人张某某的指控成立。依照《中华人民共和国刑法》第二百八十七条之二第一款，第五十二条，第五十三条，第六十一条，第六十四条，判决被告人张某某犯帮助信息网络犯罪活动罪，判处有期徒刑1年10个月。

二、以案说法

帮助信息网络犯罪活动罪的主观要件为明知他人利用信息网络实施犯罪，在司法实践中，案例的聚焦点通常在如何认定被告人明知他人利用信息网络实施犯罪。在本案中，被告人自始至终不认罪，并辩称自己的银行卡、电话卡丢失，因此如何通过客观证据推定被告人主观系明知，是本案定罪的重点问题。

（一）从客观证据如何推定被告人主观明知

张某某到案后，从侦查阶段第一次讯问直至一审庭审均未认罪。张某某自始至终坚持称自己的银行卡、关联电话卡和手机等在2020年7月被盗；其妻子张某乙也向侦查人员出具了证人证言。并且，张某某称其在2020年7月向S市公安局报案；侦查人员经调查发现张某某名下手机号确实在2020年7月26日向S市公安局报过案，只是报警内容不详。对此，被告人供述与辩解、证人证言、书证似乎能够互相印证，张某某丢失过手机、银行卡等，并在丢失时报了警。但证人证言系张某某妻子，是可能在张某某到案前双方沟通过，报警内容为空，也无法强化张某某本人的辩解。

关键是，被告人张某某于2020年5月20日申请开设中信银行借记卡并关联了非经常使用的一张电话卡，2020年9月16日，被告人张某某在银行柜台申请书面挂失、补办新卡,均有本人头像采集,证实是其本人操作。在2020年9月16日前,该卡有约1400笔账户交易,补卡后,三天内该卡有超过100笔的账户交易。如果张某某于2020年7月将该卡丢失,那么至2020年9月16日其补办卡时,应当发现卡中1400笔账户交易,引起警觉并做出相应处理,但张某某对此并无辩解,而2020年9月16日补卡后三天内就有超过100笔往来,张某某没有辩解再度遗失等理由,因此,从常理来判断推定被告人张某某应当知晓其银行卡被他人非法使用。

（二）推定明知与客观明知仍有一定差异

从前述客观证据来看,推定被告人张某某明知其银行卡被他人用于违法犯罪用途,似乎没有问题,但需要一提的是,我们仍然要注意推定明知与客观明知仍有一定的差异,在实践中仍然要注意排除合理怀疑。

比如,在本案中,根据张某某的供述与辩解、张某乙的证言、S市的报警记录、张某乙的残疾人证,可以证实,张某某妻子张某乙曾因精神异常私自取走张某某银行卡内6万余元存款;而张某某的银行卡自补办后一直放在家中,除其本人能够使用和接触以外,张某某的妻子也很有可能被诱骗或者被利用,从而在张某某不知情的情况下,将张某某的银行卡交给他人使用。再比如,根据公安机关补侦的工作记录,本案存在钟某、孙某某、杜某某等众多相关人员银行卡被用于信息网络诈骗的情况,且相关人员均表示自己的银行卡没有向外借出的经历,且都不认识张某某。因此,这些证人的情况或许与张某某大致相同。由此可见,本案也有可能是犯罪分子通过技术手段或其他方式在他人不知情的情况下操纵他人长期闲置不用的银行卡实现信息网络诈骗和洗钱的一种犯罪行为。但考虑到张某某在补办卡前后并没有主动向任何机关说明银行卡的相关问题，上述情况存在可能性不大。

或许张某某可以辩解称起初并不知情，但随着其补办银行卡，其有应当注意到卡中交易记录不合常理的现实义务，发现异常及时报告相关部门，且补卡后应当妥善保管其银行卡，避免被再次恶意使用的权利与义务。虽然，在整个案件中，没有证据显示被告人因为出借银行卡而获利，这也是被告人自始至终认为自己没有参与犯罪的关键原因，但是获利并不是构成帮助信息网络犯罪活动罪的构成要件，也不是推定被告人主观明知的必要条件。

三、专家建议

银行卡和电话卡是个人财产安全与通信顺畅的重要保障，务必妥善保管，避免外借他人和遗失。因为一旦银行卡或电话卡落入不法分子手中，可能导致财产损失或信息泄露，还有可能成为不法分子诈骗、洗钱等违法犯罪行为的工具。若不幸遗失，应立即联系相关机构进行挂失处理，以防被他人恶意使用。同时，建议定期更换密码，增强安全防护意识，确保个人资金和通信安全。每位公民应务必重视银行卡和电话卡的安全，要充分认识到自身的权利与义务，避免陷入刑事法律风险之中。

四、关联法条

《中华人民共和国刑法》第二百八十七条之二第一款；最高人民法院、最高人民检察院《关于办理非法利用信息网络、帮助信息网络犯罪活动等刑事案件适用法律若干问题的解释》第十一条。

"网络键盘侠"也犯罪?

对英雄烈士名誉和荣誉的保护,是社会公共利益的重要组成部分,需要每一个人从公民法律义务的角度去维护和歌颂。然而,由于互联网信息传输方式的日益发达,部分网民在网络媒体、社交平台上任意发表错误言论,歪曲、丑化、亵渎、否定英雄烈士事迹和精神的行为,对此,应当从维护国家利益的角度坚决予以打击,依法追究其法律责任。

一、案例简介

(一)基本案情

被告人江某某,女,无业。2021年3月24日至25日,江某某使用其微博账户(粉丝数24.8万余),先后发布2条包含侮辱英雄烈士董存瑞内容的微博,歪曲、丑化、亵渎英雄烈士的事迹和精神。微博发布后迅速、广泛传播,阅读次数分别达39506次和50744次,引发广大人民群众强烈愤慨,造成恶劣社会影响,严重侵害了英雄烈士的名誉、荣誉和社会公共利益。

(二)法院判决

2021年6月30日,检察机关以侵害英雄烈士名誉、荣誉罪对江某某提起公诉,同时提起刑事附带民事公益诉讼。同年10月12日,人民法院以江某某犯侵害英雄烈士名誉、荣誉罪,判处有期徒刑7个月,并要求其于判决生效之日起10日内在国内主要门户网站及全国性媒体公开赔礼道歉、消除影响。后江某某在全国性媒体发表致歉信。

二、以案说法

本案的争议焦点一共有两个：一是什么情况下构成侵害英雄烈士名誉、荣誉罪。二是准确把握侵害英雄烈士名誉、荣誉罪"情节严重"的认定标准。

（一）什么情况下构成侵害英雄烈士名誉、荣誉罪

侵害英雄烈士名誉、荣誉罪是《中华人民共和国刑法》（以下简称《刑法》）第二百九十九条之一的规定，与该条内容紧密相关的是《刑法》第二百九十九条的"侮辱国旗、国徽、国歌罪"，显然，本罪的立法是就现实情况所作的立法的积极回应。本罪所指犯罪行为，是指侮辱、诽谤或者以其他方式侵害英雄烈士的名誉、荣誉，损害社会公共利益，情节严重的行为。本罪与《刑法》第二百九十九条的"侮辱国旗、国徽、国歌罪"相区别的在于，后者明确要求以"在公共场合"作为入罪条件，而本罪所规范的侮辱、诽谤或者以其他方式的行为不需要以"在公共场合"为前提条件。因此，本罪在入罪时，要通过考察以下因素判断是否成立犯罪：

1. 行为方式：侮辱、诽谤或者以其他方式，包括口头、书面、肢体动作等方式，以及利用网络、媒体等平台以文字、视频、图片形式进行传播等。

2. 英雄烈士的人数：不论是针对某一特定的英雄烈士个人，还是针对英雄烈士这一团体、整体，均不影响本罪成立。

3. 相关信息的发布数量、传播方式、传播范围、传播持续时间：信息的发布数量、转发次数、浏览量等，以及是否通过特定

渠道传播，传播范围有多大，传播时间有多长等客观指标，是关于情节和量刑的重要方面，情节问题也是区分行政违法与刑事犯罪的重要内容。

4.引发的社会影响、危害后果：是否实际对英雄烈士本人及其家庭产生影响，以及是否实际对社会公共利益造成可量化的损害等，均不影响本罪成立。本罪的成立，在形式上考察是否具备损害社会公共利益且情节严重的特征，在实质上考察是否对社会公众思想、社会舆论走向等产生不利影响。

5.行为人前科情况：如果嫌疑人、被告人在本罪发生之前有过类似的前科行为，则会加重对其的处罚。

6.对于侮辱、诽谤健在英雄的处理：如果是公开侮辱、诽谤为国家和民族作出突出贡献、代表国家形象的健在英雄的行为，其本身同样具有严重的社会危害性，但不以本罪论处。根据相关规范，英雄烈士是指已经牺牲、去世的英雄烈士，对侮辱、诽谤或者以其他方式侵害健在的英雄模范人物或者群体名誉、荣誉，构成犯罪的，适用刑法有关侮辱、诽谤罪等规定追究刑事责任。

英雄烈士是中华民族的脊梁，英雄烈士的事迹是中华民族的共同历史记忆，是社会主义核心价值观的重要体现，是社会公共利益的重要组成部分。英雄烈士的名誉、荣誉不容任何亵渎和诋毁。《中华人民共和国刑法修正案（十一）》增设侵害英雄烈士名誉、荣誉罪，对侮辱、诽谤或者以其他方式侵害英雄烈士名誉、荣誉，情节严重的行为作出专门规定。本案中，江某某在微博上发表侮辱英烈董存瑞的言论，歪曲英烈事迹，严重伤害民族情感，经网络发酵社会传播范围广泛，影响极其恶劣。江某某行为已经构成侵害英雄烈士名誉、荣誉罪，应当依法予以严惩。

（二）准确把握侵害英雄烈士名誉、荣誉罪"情节严重"的认定标准

本罪"情节严重"程度的认定，可从行为场所的性质、行为影响的人次、造成互联网舆情的时间、社会经济和文化遭受的损失等方面综合判定。其中，《关于办理寻衅滋事刑事案件适用法律若干问题的解释》可以作为参照，对寻衅滋事罪"在公共场所起哄闹事，造成公共场所秩序严重混乱"的解释，即"根据公共场所的性质、公共活动的重要程度、公共场所的人数、起哄闹事的时间、公共场所受影响的范围与程度等因素"进行判断。

需要特别强调的是，目前社会经济生活、政治生活的信息普遍通过互联网方式传递，而由于利用网络实施侮辱、诽谤英雄烈士的行为可能瞬间传遍网络，引发互联网上关于此类行为的模仿、争论、起哄等不良反应，以致扰乱网络空间秩序，故行为人在网络上发表侮辱、诽谤英烈言论被点击的次数、转发的次数等，也是"情节严重"判断标准的重要参考。本案中，江某某两条微博阅读量高达9万次之多，远远超过信息实际被点击、浏览次数5000次的立案标准，应当被认定为"情节严重"。

三、专家建议

对于在网络上发表关于英雄烈士的言论，广大网友要做到：

1. 对英雄烈士务必保持应有的尊重：对英雄烈士的尊重体现为不修改、篡改其英雄烈士形象，对名字、事迹、功劳等不歪曲捏造，对英雄烈士相关事迹不作严重区别于社会普遍认识的错误解读。

2. 保持理性客观态度：在发表言论时，尽量保持理性和客观，通过史实资料理解、了解英雄烈士牺牲的原因，避免情绪化和主

观臆断。不要因为个人喜好或偏见而过度攻击某个群体或个人。

3.注意尊重他人的语言表达：尊重他人的观点和言论，不要进行人身攻击或恶意诽谤。在发表言论时，要尽量避免使用侮辱性或攻击性的言语。如果存在争议，尽可能提供可靠的事实和证据，避免传播虚假信息。

4.遵守法律法规：遵守相关的法律法规，不要发布违法或违规的内容。避免涉及政治敏感话题，以免引起不必要的争议和麻烦。

总之，我们在网络上发言应该尊重他人的权利和观点，遵守法律法规，保持理性和客观，关注事实和证据，谨慎对待未经证实的信息，建立良好的网络素养。只有这样，才能在网络世界中获得更多的尊重和信任，成为一个有价值和影响力的公民。

四、关联法条

《中华人民共和国刑法》第二百九十九条;《中华人民共和国英雄烈士保护法》第二十二条。

小心二元期权投资成赌博

二元期权,又称数字期权、固定收益期权,是交易形式最简单的金融交易工具之一,只考虑标的资产的价格走向看涨或者看跌。2016年4月18日,中国证监会已通过其官网对二元期权网站平台进行过警示,将其交易性质警示为"类似于赌博",并建议广大投资人不要参与此类网络二元期权交易。但仍有网络投资平台盯上二元期权,打着"投资"口号,肆无忌惮地疯狂敛财,造成了无数家庭的分崩离析,也极大影响了社会稳定。

一、案例简介

(一)基本案情

2015年下半年,周某利用L网站以经营二元期权交易为名招募会员,组织外汇赌博活动牟利。L网站向注册客户提供MT4软件及其自制插件下载,客户下载安装后,可以选择外汇品种、期间、期间结束时外汇品种的涨跌进行下注。赢了,获利下注金额的76%—78%;输了,全亏。为有效组织网络赌博赢利,周某聘用市场总监负责中国内地全部业务,并按发展下线经纪人的等级、会员数和总交易量为标准建立了等级经纪人制度,以晋升级别获取更大的佣金比例。2017年,被告人陈某1被周某聘为市场总监,负责中国内地全部网络赌博业务。2016年1月,被告人陈某2在L网站注册账号进行赌博并通过发展会员投注成为铂金一星级经纪人，获取佣金共计70余万元。2016年2月，赵某发展了5名金级经纪人和其他级别、会员近万人，获取佣金共计70余万元。至案发时，L网站共接受10余万人投注赌博，接收赌资共计2.8亿余元。①

（二）法院裁决

江西省吉安市中级人民法院审理认为：（1）被告人陈某1违反法律规定，受周某雇用，利用互联网开设赌场，情节严重，其行为已构成开设赌场罪，系从犯，判处有期徒刑3年，并处罚金人民币50万元，驱逐出境。（2）被告人陈某2、赵某以营利为目的，通过发展下线会员，组织、招引他人进行赌博活动，其行为均已构成赌博罪。判处被告人陈某2有期徒刑2年，并处罚金人民币30万元。判处被告人赵某有期徒刑1年10个月，并处罚金人民币20万元。（3）继续追缴被告人陈某2和赵某的违法所得。

二、以案说法

本案的争议焦点是：L网站是不是赌博网站？陈某1在本案中的地位和作用，能否认定为从犯？陈某2、赵某的行为，构成开设赌场罪还是赌博罪？

（一）赌博性质如何认定？

期权是一种以股票、期货等品种的价格为标的，在期货交易场所进行交易的金融产品，在交易过程中需完成买卖双方权利的转移，具有规避价格风险、服务实体经济的功能。《期货交易管理条例》第四条明确规定期货交易应当在法定期货交易场所进行，禁止在法定期货交易场所之外进行期货交易。

---
① 详情可参见（2018）赣08刑初21号判决书。

结合本案，通过网络平台进行交易的所谓"二元期权"，打着"交易简单、便捷、回报快"等口号，是从境外博彩业演变而来，其交易对象为未来某个时间点外汇、股票等品种的价格走势，交易双方为网络平台与投资会员，交易价格与收益事前确定。其实质是创造风险供投资者进行射幸投机，没有任何实物、金融交易，与我国证监会监管的期权及金融衍生品交易有着本质区别，其性质应定义为赌博。

（二）如何认定开设赌场罪的主犯、从犯？

《中华人民共和国刑法》（以下简称《刑法》）第二十六条规定：组织、领导犯罪集团进行犯罪活动的或者在共同犯罪中起主要作用的，是主犯。第二十七条规定：在共同犯罪中起次要或者辅助作用的，是从犯。对于从犯，应当从轻、减轻处罚或者免除处罚。

本案中，陈某1受周某的雇用，自2017年1月才加入，主要工作是参加L网站的推广说明会，代周某在中国内地发言。陈某1虽然被称为"中国区域总监"，但未参与赌博网站的决策业务，也未掌握赌博网站的核心技术，没有管理支配赌博网站的资金，在L公司领取工资性报酬，取得的薪资低于L公司的核心成员。因此，陈某1可以认定为开设赌场罪的从犯。

（三）赌博网站等级经纪人构成开设赌场罪还是赌博罪？

根据《刑法》第三百零三条规定，赌博罪是以营利为目的，聚众赌博或者以赌博为业的行为。主体是一般主体，侵犯的客体是社会的风尚和社会的管理秩序。而开设赌场罪指行为人以营利为目的，营业性地为赌博提供场所、设定赌博方式、提供赌具、筹码、资金等组织赌博的行为。

本案中，L网站的本质系赌博网站，交易双方为网站平台与投资会员，L网站系赌博的庄家，投资会员系赌博的赌徒。L网站为发展自身，提高庄家获利金额，采用激励会员升级的手段，实行了等级经纪人制度。等级经纪人的盈利模式是依据下线赌徒的投注金额获取佣金，即俗称的"返水""水钱"，等级经纪人没有参与L网站的利润分成，也没有采用租用L网站代理账号的方式，定期交付租金，单独作为庄家与赌徒对赌。陈某2和赵某的行为，乃以营利为目的，组织、招引、发展会员进行赌博，系网络赌博的"赌头"，符合《刑法》第三百零三条所规定的赌博罪的构成要件，其行为均构成赌博罪。

三、专家建议

互联网技术的发展让投资变得多元化，日常工作生活中不仅要谨慎投资，更要擦亮双眼区分好赌博和投资，不要被某些披着投资外衣的赌博新花样欺骗。要时刻牢记，赌博具有极高的风险性，获胜的可能性非常小，而投资是可以通过合理的投资策略和资产配置来进行风险管理的，二者有着本质区别。在参与任何形式的金融活动时，请务必保持理性和谨慎，多了解相关的法律法规和司法案例，确保自己的行为符合法律规定，避免参与任何非法的赌博活动。只有这样，我们才能共同维护社会的和谐稳定和经济的健康发展。

四、关联法条

《中华人民共和国刑法》第二十五条、第二十六条、第三十五条、第五十二条、第三百零三条;《最高人民法院、最高人民检察院、公安部关于办理网络赌博犯罪案件适用法律若干问题的意见》。

通过虚假诉讼转移财产可"刑"吗

虚假诉讼,是指当事人出于转移资产、逃避债务等非法动机和目的,利用法律赋予的诉讼权利,恶意串通,采取伪造证据、虚假陈述等手段,捏造民事法律关系,虚构民事纠纷,向人民法院提起民事诉讼,企图使法院作出错误的判决、裁定、调解,侵害他人合法权益、妨害司法秩序的行为。随着2015年《中华人民共和国刑法修正案(九)》[以下简称《刑法修正案(九)》]增设了"虚假诉讼罪",对虚假诉讼行为不再只是施以罚款、拘留等司法强制措施,而是很可能纳入刑事处罚。

一、案例简介

(一)基本案情

2011年期间,被告人王某与褚某、被害人陈某在山东合伙开办公司。2012年4月25日,被害人陈某和褚某签订了《股权转让协议书》,约定被害人陈某将公司股权转让给褚某,被告人王某承担连带还款责任。2014年1月2日,被告人王某担心褚某如不能还款,则其位于广州市南沙区的房产会被抵债,遂与其母亲杨某合谋签订了《个人借款合同》,虚构借款180万元的事实,并于同月办理了上述房产的抵押登记,企图对抗被害人陈某的债权。后因股权转让纠纷,被害人陈某向法院提起民事诉讼。2016年10月19日,山东省枣庄市中级人民法院一审判决褚某向被害人陈某支付股权转让款218万元及利息,被告人王某承担连带清偿责任。被告人王某不服判决上诉,2017年3月31日,山东省高级人民法院判决驳回上诉,维持原判。

2017年5月10日,被告人杨某以上述虚构的《个人借款合同》向广州市南沙区人民法院起诉,要求被告人王某偿还180万元债务,并主张对被告人王某的上述房产享有优先受偿权。同年7月25日,广州市南沙区人民法院作出民事判决,判决被告人王某向被告人杨某偿还180万元,被告人杨某对上述房产享有优先受偿权。判决生效后,被告人杨某向法院申请执行。[1]

(二)法院判决

广州市南沙区人民法院经审理认为,被告人王某、杨某无视国家法律,结伙以捏造的事实提起民事诉讼,妨害司法秩序,严重侵害他人合法权益,情节严重,其行为均已触犯刑律,构成虚假诉讼罪,依法应予惩处。依照《中华人民共和国刑法》(以下简称《刑法》)第三百零七条之一第一款判决被告人王某犯虚假诉讼罪,判处有期徒刑3年,缓刑4年,并处罚金人民币3万元;被告人杨某犯虚假诉讼罪,判处有期徒刑1年6个月,缓刑2年,并处罚金人民币1万元。

二、以案说法

(一)何为虚假诉讼罪

虚假诉讼罪是指行为人以捏造的事实提起民事诉讼,妨害司法秩序或者严重侵害他人合法权益的行为。

本罪的客观方面表现为"以捏造的事实提起民事诉讼"。从

---

[1] 详情可参见(2020)粤0115刑初193号刑事判决书。

把握客观方面的本质特征出发，最应当厘清的概念是何谓"捏造"。对此，最高人民法院、最高人民检察院《关于办理虚假诉讼刑事案件适用法律若干问题的解释》第一条作了明确列举，包括：（1）与夫妻一方恶意串通，捏造夫妻共同债务的；（2）与他人恶意串通，捏造债权债务关系和以物抵债协议的；（3）与公司、企业的法定代表人、董事、监事、经理或者其他管理人员恶意串通，捏造公司、企业债务或者担保义务的；（4）捏造知识产权侵权关系或者不正当竞争关系的；（5）在破产案件审理过程中申报捏造的债权的；（6）与被执行人恶意串通，捏造债权或者对查封、扣押、冻结财产的优先权、担保物权的；（7）单方或者与他人恶意串通，捏造身份、合同、侵权、继承等民事法律关系的其他行为。

同时，该解释第一条还明确规定：隐瞒债务已经全部清偿的事实，向人民法院提起民事诉讼，要求他人履行债务的，以"以捏造的事实提起民事诉讼"论。向人民法院申请执行基于捏造的事实作出的仲裁裁决、公证债权文书，或者在民事执行过程中以捏造的事实对执行标的提出异议、申请参与执行财产分配的，属于《刑法》第三百零七条之一第一款规定的"以捏造的事实提起民事诉讼"。

（二）重拳打击虚假诉讼，助力诚信社会建设

2014年党的十八届四中全会通过的《中共中央关于全面推进依法治国若干重大问题的决定》，首次提出要惩治虚假诉讼等行为。为贯彻落实党中央决策部署，回应社会关切，2015年11月1日起施行的《刑法修正案（九）》增设了"虚假诉讼罪"。2016年，最高人民法院发布了《关于防范和制裁虚假诉讼的指导意见》（法发〔2016〕13号）；2018年9月，最高人民法院、最高人民检察院联合发布了《关于办理虚假诉讼刑事案件适用法律若干问题的解释》(法释〔2018〕17号);2021年3月,最高人民法院、最高人民检察院、公安部、司法部印发了《关于进一步加强虚假诉讼犯罪惩治工作的意见》(法发〔2021〕10号);2021年11月,最高人民法院发布了《关于深入开展虚假诉讼整治工作的意见》(法〔2021〕281号)。此外,最高人民法院和最高人民检察院还分别发布了依法惩治虚假诉讼的典型案例,用以指导执法办案工作。正是通过这一系列规范性文件及典型案例的发布,反映了国家致力于打击虚假诉讼的决心和力度。

三、专家建议

在遵循意思自治和权利自主处分原则的民事私法领域,诉讼准入门槛较低,虚假诉讼者所能获得的非法利益或达到的非法目的较之法律风险与代价严重失衡,导致虚假诉讼案件频发。虚假诉讼的本质在于以法律之名行不法之事,损害他人利益和司法权威。须知,试图通过虚假诉讼方式转移财产进而逃避债务的行为,不过是耍小聪明,不仅有违诚信,还可能涉嫌违法犯罪,而预防和打击虚假诉讼始终是人民法院重点关注的工作。警醒社会公众诚信诉讼、依法行使诉权、明晰法律边界、守住法律底线,切莫以身试法。

四、关联法条

《中华人民共和国刑法》第三百零七条;《最高人民法院、最高人民检察院关于办理虚假诉讼刑事案件适用法律若干问题的解释》(法释〔2018〕17号)。

打"假官司"惹"真麻烦"

打"假官司"的虚假诉讼的行为,从表面上看,当事人通过诉讼手段"主张权利",实际上却是通过合法的形式实现其个人的不法目的。虚假诉讼不仅干扰了案件正常审理、浪费了司法资源,导致矛盾久拖不决、增加了当事人的诉累,还严重损害司法的权威与公信力,甚至影响社会秩序稳定,虚假诉讼真的要不得。

一、案例简介

(一)基本案情

被告人张某于2016年8月入职某某金融服务外包(北京)有限公司(以下简称某某金融公司)担任电销部经理。2017年6月30日,被告人张某在某某金融公司实际控制人林某某和某某金融公司股东胡某某(二人均另案处理)指使下,以出借人的身份与以胡某某任法定代表人的北京某某寰球贸易有限公司签订虚假的抵押借款合同并在公证部门办理公证文书。在北京某某寰球贸易有限公司故意制造违约后,被告人张某委托某某金融公司法律顾问律师李某某(另案处理)作为诉讼代理人以上述捏造的事实向北京市朝阳区人民法院申请强制执行涉案房产,致使法院立案并作出裁定拍卖该房产。2018年8月23日,该房产以人民币301.356万元的价格被司法拍卖成功,并被过户到他人名下。

2019年9月6日,被告人张某接民警电话通知自行前往公安机关接受调查。在法院审理期间，被告人张某家属代张某退缴违法所得人民币 3 万元。①

（二）法院裁判

1. 一审判决

一审法院结合在案证据，认为，被告人张某伙同他人，以捏造的事实提起民事诉讼，妨害司法秩序，情节严重，其行为已构成虚假诉讼罪，依法应予惩处。鉴于被告人张某具有自首情节，在共同犯罪中起次要和辅助作用，系从犯，自愿接受处罚，且主动退缴部分违法所得，依法可对其减轻处罚。据此，依法判决：（1）被告人张某犯虚假诉讼罪，判处有期徒刑 8 个月，并处罚金人民币 2 万元。（2）继续追缴被告人张某的违法所得（含在案扣押人民币 3 万元）。

2. 终审裁定

二审法院认为，一审法院根据张某犯罪的事实、犯罪的性质、情节和对于社会的危害程度所作的判决，事实清楚，证据确实、充分，定罪及适用法律正确，量刑适当，审判程序合法，应予维持。据此，二审法院依照《中华人民共和国刑事诉讼法》第二百三十六条第一款第（一）项之规定，裁定驳回张某的上诉，维持原判。

二、以案说法

虚假诉讼罪自 2015 年 11 月 1 日《中华人民共和国刑法修正案（九）》实施以来，案件数量逐年增加，类型日趋广泛，其中发案量最高的是在民间借贷诉讼之中。据了解，2015 年至 2020 年上

---

① 详情可参见（2020）京刑终 72 号刑事裁定书。

半年共有 6142 件民间借贷纠纷案件涉虚假诉讼，在虚假诉讼中占比达 46.36%；其中有 24.65% 的案件涉暴力催收、高利放贷、虚构债务等"套路贷"手段，有 19.05% 的案件为恶势力或犯罪集团团伙作案。

本案一审是 2019 年 12 月北京市第三中级人民法院集中公开宣判的北京市特大"套路贷"黑社会犯罪系列案中的一个，是虚假诉讼罪中比较典型的案例。该系列案件中以林某某为核心的黑社会性质组织通过公证员王某、李某某等人的帮助，以办理房屋抵押贷款为名，诱骗被害人在公证处办理赋予借款合同强制执行效力、售房委托、抵押解押委托公证，恶意制造违约事项，利用公证书将被害人房产擅自过户至该组织控制之下。后林某某犯罪组织采用暴力、威胁及其他"软暴力"手段非法侵占被害人房产，通过向第三人出售或采用虚假诉讼等方式，将骗取的房屋处置变现。

虚假诉讼的犯罪构成，根据《中华人民共和国刑法》第三百零七条之一第一款的规定，虚假诉讼的主要构成要件包括以下内容：

（一）以捏造的事实提起民事诉讼

"以捏造的事实"提起民事诉讼，是指行为人将虚假的事实作为案件的真实事实提起民事诉讼，通常的手段为伪造书证、物证等证据材料提起民事诉讼。"以捏造的事实"提起民事诉讼，就是虚假诉讼罪的实行行为。根据《最高人民法院关于防范和制裁虚假诉讼的指导意见》的规定，虚假诉讼一般包含以下要素：（1）以规避法律、法规或国家政策谋取非法利益为目的；（2）双方当事人存在恶意串通；（3）虚构事实；（4）借用合法的民事程序；（5）侵害国家利益、社会公共利益或者案外人的合法权益。

提起"民事诉讼",是指提起适用《中华人民共和国民事诉讼法》的各种诉讼,不包含刑事诉讼与行政诉讼,也不包含提起劳动仲裁或者商事仲裁,但是应当包含刑事附带民事诉讼。

(二)妨害司法秩序或者严重侵犯他人合法权益

相关司法解释列举式规定了以捏造的事实提起民事诉讼,符合下列情形之一的应当予以认定:(1)致使人民法院基于捏造的事实采取财产保全或者行为保全措施的;(2)致使人民法院开庭审理,干扰正常司法活动的;(3)致使人民法院基于捏造的事实作出裁判文书、制作财产分配方案,或者立案执行基于捏造的事实作出的仲裁裁决、公证债权文书的;(4)多次以捏造的事实提起民事诉讼的;(5)曾因以捏造的事实提起民事诉讼被采取民事诉讼强制措施或者受过刑事追究的;(6)其他妨害司法秩序或者严重侵害他人合法权益的情形。

虚假诉讼行为形式多样,具有较强的隐蔽性,这导致司法实践中准确识别虚假诉讼存在一定的难度。但近年来各级人民法院通过开展专项打击行动等形式,依法严厉打击虚假诉讼,增强了全社会对虚假诉讼违法犯罪的防范意识,震慑了虚假诉讼违法犯罪,进一步提升了司法公信力。

三、专家建议

诚实信用原则是民事诉讼法的一大基本原则,司法公信力是社会诚信体系的重要组成部分。解决虚假诉讼问题,应当从思想根源上着手,加大宣传教育增强全社会对虚假诉讼违法犯罪的防范意识,加强公民刑事风险意识,引导树立正确的价值观念和诉讼观念。打官司不是儿戏,我们要依法诚信行使诉讼权利,不要铤而走险、耍小聪明;否则打了"假官司",就会惹上"真麻烦"。

四、关联法条

《中华人民共和国刑法》第三百零七条;最高人民法院《关于防范和制裁虚假诉讼的指导意见》。

做老赖？当心触犯拒不执行判决、裁定罪！

随着社会经济的发展和人民生活水平的提高，债权债务关系日益复杂。在这种情况下，一些被执行人出于各种原因，故意拖欠债务、拒不履行法律义务，给债权人和社会带来了一定的危害和负面影响。因此，打击拒不执行为成了一个备受关注的社会问题。

一、案例简介

（一）基本案情

2021年10月9日，宜章县人民法院作出民事判决书，判决姚某某在判决生效起10日内支付曹某某2475611.69元。姚某某不服，上诉至郴州市中级人民法院。郴州市中级人民法院于2022年2月14日做出判决，驳回上诉，维持原判。该民事案件判决生效后，被执行人姚某某未履行该判决。姚某某为抗拒执行法院判决、裁定，在发现自己的微信账号被冻结以后，就通知其租户把每个月4800元的租金转账到其未满12岁儿子名下的银行账户。另外，姚某某还通知另一租户于2022年6月11日将一笔10万元的租金转账至其儿子的银行账户。2022年4月2日，宜章县人民法院向姚某某送达执行通知书、报告财产令、财产申报表、限制消费令、执行裁定书等文书，责令被执行人姚某某自执行通知书送达之日起立即履行生效法律文书确定的义务。姚某某虚假报告财产，

2022年7月8日，宜章县人民法院作出（2022）湘1022司惩14号决定书，对姚某某罚款2000元，并再次向姚某某发出报告财产令，但姚某某未向宜章县人民法院报告财产。致使宜章县人民法院无法执行判决。①

（二）法院裁决

法院认为，被告人姚某某对人民法院的判决、裁定有能力执行而拒不执行，情节严重，其行为已构成拒不执行判决、裁定罪。公诉机关指控的事实及罪名成立。经查，案涉租金款虽然汇入姚某某未满12周岁的儿子名下，但该款实际由姚某某支配和管理，在报告财产时，姚某某故意隐瞒拒不报告，致使判决无法执行，其行为属于有能力执行而拒不执行。根据被告人姚某某的犯罪事实、性质、情节、悔罪态度和对社会的危害程度，判决被告人姚某某犯拒不执行判决、裁定罪，判处有期徒刑1年6个月。

二、以案说法

是否构成拒不执行判决、裁定罪，第一，要在主体上确定行为人是否为法院生效裁判中明确有执行义务而不执行的当事人；第二，主观方面是否表现为故意，即明知判决、裁定已生效而故意拒不执行；第三，客观要件是否表现为有能力执行而拒不执行生效判决和裁定；第四，行为人是否侵犯了人民法院的正常活动、司法秩序和法律的尊严。若行为人符合以上构成要件，则构成拒不执行判决、裁定罪。

（一）拒不执行判决、裁定罪的犯罪主体

根据《最高人民法院关于审理拒不执行判决、裁定刑事案件

---

① 详情可参见（2022）湘1022刑初521号刑事判决书。

适用法律若干问题的解释（2020修正）》第一条的规定，拒不执行判决、裁定罪的主体范围是负有执行义务的人。而并不局限于被执行人、协助执行义务人、担保人这三类。但上述所说的"人"既可以是自然人，也可以是单位，若单位负有执行义务，亦可构成本罪。

（二）主观故意

构成本罪的主观方面表现为直接故意，即负有执行义务的人明知自己的行为会侵犯人民法院的正常活动，导致执行不能的后果，仍积极追求危害结果的发生。而该行为不仅破坏了法院的正常执行活动，并且侵犯了权利人的财产权利。

（三）人民法院的判决、裁定的范围

根据相关法律的规定，"人民法院的判决、裁定"，是指法院在针对特定当事人确定有给付内容，需要当事人履行执行义务的生效判决或裁定，同时也包括为依法执行支付令、生效的调解书、仲裁裁决、公证债权文书等所作的裁定，为依法执行给付内容而作出的执行裁定书。

（四）什么是"有能力执行"

"有能力执行"是指负有执行人民法院判决、裁定义务的人，如金钱给付义务人有可供执行的财产，以及具有履行判决、裁定确定的特定履行义务的能力。既包括行为履行义务人完全具备履行能力，也包括只有履行部分义务的能力。因此，被执行人在执行期间有能够履行义务的财产和收入，具有清偿判决、裁定确定金钱债权的全部或者一部分财产，或者持有指定交付的财产或物品，拒不履行判决、裁定义务的，亦可构成拒不执行判决、裁定罪。

（五）拒不执行判决、裁定罪何时起算

进入强制执行程序并不是构成本罪的要件和前提，因在司法

实践中，债务人为逃避法院执行，极有可能会在诉讼过程中大量隐匿财产，导致债权人胜诉后仍执行不到财产，侵犯其财产权利。法院认为，拒不执行判决的行为应从相关判决发生法律效力时起算。由此可见，法律未将拒不执行判决、裁定罪的起始日仅限于生效法律文书进入强制执行程序后发生的行为，而是明确将拒不执行行为限定在法律文书发生法律效力后。

三、专家建议

拒不执行判决、裁定罪侵犯的法益是国家的司法程序及司法权威，若严重影响到人民法院的执行工作，导致具有执行内容的生效判决书、裁定书执行不能，则法律文书就如同一纸空文。而被执行人明明有履行义务的能力，却没有履行义务的诚信，逃避执行，法院不仅可以将其列入失信名单、限制其高消费等执行措施，还可依法追究其刑事责任。可见，被执行人不得以任何理由拒绝或阻碍司法机关的执行工作，切勿抱有侥幸心理，任何逃避执行的行为，终究逃脱不了法律的制裁。

四、关联法条

《中华人民共和国刑法》第三百一十三条；《最高人民法院关于审理拒不执行判决、裁定刑事案件适用法律若干问题的解释》第一条；《最高人民法院关于适用〈中华人民共和国民事诉讼法〉的解释》第一百八十八条；《最高人民法院关于公布失信被执行人名单信息的若干规定》。

非法买卖象牙制品，获刑

在我国，大象等珍贵、濒危野生动物不仅被人们重点保护，而且是属于刑事法律所保护的对象。但有些人心存侥幸，从事买卖象牙、犀牛角等制品行为，殊不知已涉嫌危害珍贵、濒危野生动物罪，将面临刑事处罚。

一、案例简介

（一）基本案情

被告人张某于 2020 年 4 月 23 日至 27 日间，在某店铺内非法收购手串 2 个。经鉴定，上述手串均为象牙制品，属于国家一级重点保护动物的制品，核定价值人民币 5563.57 元。被告人张某于 2020 年 4 月 27 日被公安机关抓获归案。公安机关扣押上述象牙制品手串 2 个以及象牙形状制品（非象牙材质）1 个。被告人张某签署了《认罪认罚具结书》。①

（二）法院裁决

被告人张某无视国法，非法收购国家重点保护的珍贵、濒危野生动物制品，其行为已触犯刑法，已构成危害珍贵、濒危野生动物罪。依法判决被告人张某犯危害珍贵、濒危野生动物罪，判处有期徒刑 1 年，缓刑 1 年，罚金人民币 1 万元；在案之象牙制

---

① 详情可参见（2021）京 0105 刑初 589 号刑事判决书。

品手串2个，依法予以没收。

二、以案说法

作为《中华人民共和国刑法》（以下简称《刑法》）针对野生动物保护所设置的关键罪名，危害珍贵、濒危野生动物罪在具体认定过程中，需要从犯罪对象、犯罪行为、入罪标准等方面进行把握。

（一）本罪的犯罪对象

根据《刑法》第三百四十一条第一款的规定，危害珍贵、濒危野生动物罪的犯罪对象不仅包括国家重点保护的珍贵、濒危野生动物，还包括前者的相关制品。也就正如本文开头所提到的"没有买卖，就没有杀害"的保护理念，不仅老虎、大象不能杀害，虎皮、象牙及其加工制成品也同样不能买卖。

那么，什么是"国家重点保护的珍贵、濒危野生动物"？根据最高人民法院、最高人民检察院于2022年4月新修订的《关于办理破坏野生动物资源刑事案件适用法律若干问题的解释》（以下简称《野生动物解释》）第四条，《刑法》第三百四十一条第一款规定的"国家重点保护的珍贵、濒危野生动物"包括：（1）列入《国家重点保护野生动物名录》的野生动物；（2）经国务院野生动物保护主管部门核准按照国家重点保护的野生动物管理的野生动物。关于第（1）种类型，根据国家林业和草原局于2021年2月新发布的《国家重点保护野生动物名录》，列入国家重点保护的野生动物共计988种（类），其中国家一级保护野生动物234种和1类，国家二级保护野生动物746种和7类。关于第（2）种类型，根据《野生动物保护法》第三十七条的规定，我国缔结或者参加的国际公约禁止或者限制贸易的野生动物或者其制品，经主管部门核准，也属于"国家重点保护的珍贵、濒危野生动物"。

由此可见，我国《刑法》所保护的珍贵、濒危野生动物种类非常丰富、多样，不仅包括虎、象、犀牛、金丝猴、中华鲟等一些被人们熟知的野生动物，也包括绿海龟、四爪陆龟、孟加拉巨蜥等大量的小众种类。

（二）本罪的行为手段

根据《刑法》第三百四十一条第一款的规定，危害珍贵、濒危野生动物罪的行为手段包括猎捕、杀害、收购、运输和出售。根据《野生动物解释》第五条，"收购"包括以营利、自用等为目的的购买行为；"运输"包括采用携带、邮寄、利用他人、使用交通工具等方法进行运送的行为；"出售"包括出卖和以营利为目的的加工利用行为。

可以看出，危害珍贵、濒危野生动物罪对相关行为手段的规制同样非常全面。在违反野生动物保护管理法规的情况下，不仅禁止对珍贵、濒危野生动物实施杀害行为，而且禁止实施猎捕行为，哪怕没有造成动物死亡的后果，猎捕行为也被本罪所禁止；而对于珍贵、濒危野生动物的活体或者尸体或者加工制品，收购、运输和出售行为也一律被禁止。即便行为人没有任何倒卖牟利的目的，纯粹只是出于个人兴趣爱好，比如当作宠物进行饲养或当作艺术品进行收购，而购买相关动物或者制品，其行为也涉嫌本罪名。尤其是运输问题，只要没有取得野生动物行政主管部门批准，擅自运输珍贵、濒危野生动物，即便是无偿为他人运输，也为本罪所禁止。

（三）本罪的主观故意

近年来，部分危害珍贵、濒危野生动物的犯罪引起了社会的广泛关注，如"深圳鹦鹉案""大学生掏鸟窝案"等。除远超社会公众预期的重刑后果外,当事人普遍认为自己在实施犯罪行为时并不明知犯罪对象属于国家保护动物,因此不具有犯罪故意,也是引发舆论关注的重要因素。

刑法评价的原则之一就是"行为与责任同时存在",在认定危害珍贵、濒危野生动物罪上,要求行为人对于自己所危害的对象具有故意,即其明知杀害、出售、收购的动物及其制品系国家保护动物,实践中,一般以行为人的自身状况(如智力、受教育程度、有无相应前科、爱好、职业等)、行为方式是否异常、行为重复次数以及当地传统观念及宣传力度等进行综合判断。如行为人仅偶然一次购买动物制品或其生活地域较为闭塞,行为人不具有认识社会危害的认知可能性,则不宜推定其主观明知。

(四)本罪的入罪标准

在《野生动物解释》于 2022 年 4 月修订之前,根据最高人民检察院、公安部《关于公安机关管辖的刑事案件立案追诉标准的规定(一)》第六十五条的规定,只要实施了非法猎捕、杀害珍贵、濒危野生动物的行为,或非法收购、运输、出售珍贵、濒危野生动物及其制品,不论数量或价值金额大小,一律入罪处理。

但是,由于近年来此类案件数量呈快速增长态势,相关典型案件也引发社会广泛关注。最高法、最高检于 2022 年 4 月新修订的《野生动物解释》为进一步体现宽严相济的刑事政策,对其入罪标准进行了调整。根据该司法解释第六条的规定,只有当野生动物及其制品的价值达到 2 万元以上(含本数)时,才应当入罪处理,判处 5 年以下有期徒刑或者拘役,并处罚金。此外,如果行为人没有司法解释规定的从重处罚情节,且未造成动物死亡或者动物、动物制品无法追回,行为人全部退赃退赔,确有悔罪表现，在珍贵、濒危野生动物及其制品价值 2 万元以上不满 20 万元时，还可以认定为犯罪情节轻微，不起诉或者免予刑事处罚；情节显著轻微危害不大的，不作为犯罪处理。

在进一步回应社会关切，体现刑罚轻缓化的同时，《野生动物解释》第十四条也规定，对于相关行为被不起诉或者免予刑事处罚的行为人，依法应当给予行政处罚、政务处分或者其他处分的，依法移送有关主管机关处理。该条规定体现了对野生动物保护问题的社会综合治理举措。

三、专家建议

在古代，象箸玉杯，即象牙做的筷子、犀牛角做的杯子，一直就是珍稀、奢侈的代表，成为不少人的爱好。但随着社会文明的进步，人们逐渐认识到，对于象牙、犀牛角等稀有动物制品的喜爱和追求，完全是建立在对野生动物的杀戮之上，不仅极其残忍，而且严重破坏生态文明，导致动物种族的灭绝。当前人们的兴趣爱好越来越广泛，其中就有极少数人购买金雕、游隼以及濒危品种的鹦鹉等鸟类，或者古巴鬣蜥、辐纹陆龟等爬行动物来当作宠物进行饲养。这些行为同样会形成产业链，引发非法猎捕、杀害行为，危害这些珍贵、濒危野生动物的生存环境。因此，"没有买卖，就没有杀害"，只要克制、摒弃这些不良的兴趣和爱好，人人都可以成为野生动物的守护者，成为生态文明的建设者。也只有摒弃、远离对野生动物的兴趣爱好，才能没有刑事犯罪，避免成为危害珍贵、濒危野生动物罪的刑罚对象。

四、关联法条

《中华人民共和国刑法》第三百四十一条第一款;《最高人民法院、最高人民检察院关于办理破坏野生动物资源刑事案件适用法律若干问题的解释》第四条。

受保护的"野树"不能采!

国家重点保护植物在生态系统中发挥着重要作用,是地球生物多样性的重要组成部分。非法采伐国家重点保护植物是违法犯罪行为,具有严重的社会危害性,不但会破坏生态平衡,还会加剧环境恶化。长期以来,非法采伐活动导致的土地退化、水土流失等环境问题屡见不鲜,为此,国家通过刑法规范重拳出击,严厉打击针对国家重点保护植物的非法采伐行为。

一、案例简介

(一)基本案情

2016年3月,被告人胡某某联系郭某某(已另案处理)欲购买野生香樟树,郭某某又联系了谭某(已另案处理)寻找树源。同年5月18日,胡某某在未取得林业主管部门许可的情况下,通过谭某与重庆市缙云山园艺发展有限公司园艺分公司(以下简称缙云园艺公司,又称金果园)达成购销协议,并向该公司给付定金。后在郭某某、谭某的帮助下,组织工人在该公司经营的金果园内采伐野生香樟树21株,在重庆市缙云山国家级自然保护区集湖保护站5号班组国有林内采伐野生香樟树29株,在重庆市缙云山国家级自然保护区澄江保护站4号班组国有林内采伐野生香樟树72株。经鉴定,该122株野生香樟树属于国家二级保护野生植物,被伐林木的活立木蓄积共计14.994立方米。另查明,被告人胡某某采伐上述野生香樟树是为了移植，案发时对122株香樟树只作了截冠处理和断根处理，移植尚未完成。目前未发现香樟树死亡。

（二）法院判决

1. 一审判决

重庆市渝北区人民法院一审认为：公诉机关指控被告人胡某某犯非法采伐国家重点保护植物罪且属情节严重，事实清楚，证据确实、充分，罪名成立，量刑建议适当，应予采纳。对其辩护人提出的胡某某系初犯，具有自首情节，是犯罪未遂，认罪态度好，建议对其从宽、从轻、减轻处罚的意见，予以采纳。据此，重庆市渝北区人民法院依照《中华人民共和国刑法》（以下简称《刑法》）第三百四十四条、第二十三条、第六十七条第一款、第五十二条、第五十三条，《最高人民法院关于审理破坏森林资源刑事案件具体应用法律若干问题的解释》第一条、第二条第（一）项之规定，于2018年3月28日作出判决：被告人胡某某犯非法采伐国家重点保护植物罪，判处有期徒刑2年，并处罚金3万元。

2. 终审判决

在原审被告人提出上诉以后，重庆市第一中级人民法院经二审审理，认定原判认定事实清楚，证据确实充分，适用法律正确，量刑适当，审判程序合法，依照《中华人民共和国刑事诉讼法》第二百二十五条第一款第（一）项之规定，于2018年7月24日作出裁定：驳回上诉，维持原判。

二、以案说法

本案的争议焦点有两个：一是"移植"行为是否属于"采伐"行为？二是胡某某是否具备非法采伐国家重点保护植物罪所必须

具备的主客观要件？

（一）"移植"行为是否属于"采伐"行为

《刑法》第三百四十四条规定的罪名全称叫作"非法采伐、毁坏国家重点保护植物罪"，其中，"采伐"到底是什么含义，刑法条文并未明确界定。但是，结合该罪名的立法目的，以及行政前执法，可以得出非法采伐包括非法移植的结论。首先，从非法采伐国家重点保护植物罪的立法目的看，该罪名侵犯的客体是国家的植物资源。非法移植国家重点保护植物，虽然并非直接以毁灭植物的生命和生长为代价，但是该行为客观上具有破坏植物原有生存环境，侵害国家森林资源生态的效果；在无证移植情况下，虽然移植人主观上具有希望被移植植物继续存活的意愿，但由于脱离了国家法律对于该行为的监管，移植人是否具备相应技术条件，操作方式是否符合规范，移植去处是否能够适应移植行为所带来的后果等，均得不到保障，放任不管只可能导致错误移植、混乱移植、投机移植的存在，具有导致植物死亡和生态破坏概率增加的现实危害。由此，脱离法律规范的移植行为，应当被纳入非法采伐国家重点保护植物罪行为范畴。其次，从规范解释角度看，《国家林业局关于切实加强和严格规范树木采挖移植管理的通知》第三部分（二）规定："采挖树木和运输、经营采挖树木的管理，适用《森林法》《森林法实施条例》有关林木采伐、木材运输和经营（加工）管理的规定，采挖树木，必须办理林木采伐许可证。"该通知明确，本通知为依法保护森林资源及自然生态环境，切实加强和严格规范树木采挖移植管理而制定。本罪在判断行为是否具有刑事违法性时，需要遵循"违反国家规定"这一规范前提，换言之，如不符合前置法的内容、不具有前置法所赋予的权利的意志行为，就属于国家行政主管部门不认可、不准许的采伐行为,实践中也不可能具备采伐许可证等形式要件。基于以上两点,脱离法律规范的"移植"行为确属于本罪中的"采伐"行为。

(二)胡某某是否具备非法采伐国家重点保护植物罪所必须具备的主客观要件

从客观行为看,胡某某作为实际合伙人之一,以重庆宝光园艺场的名义与林雅公司签订苗木购销协议,胡某某方不仅是树木的供方,而且负责为林雅公司提供采挖移植的劳务。在交易过程中,胡某某具体负责组织货源并组织工人采挖移植树木,为此,胡某某通过郭某某再通过谭某联系到卖家缙云园艺公司,根据谭某等人指认的采伐范围,非法采伐野生香樟树122株。上述事实,有胡某某的供述、郭某某、谭某的供述、胡某某、周某某和向某某等人的证词以及合同等证据加以证明。

从主观方面看,关于上诉人胡某某非法采伐的主观故意,野生香樟树和人工香樟树在外观上有明显差异,胡某某具有从事绿化行业的工作经验,其应当能够判断采伐对象是否为野生香樟树。此外,缙云山国家级自然保护区的野生林木上面有生物防治灯,且金果园与缙云山国家级自然保护区之间立有界碑,这些情况在胡某某去现场看香樟树时,郭某某等人曾经告知过他。胡某某在讯问笔录中亦供认过自己知道是野生香樟树,并知道野生香樟树受国家保护,亦清楚其采伐行为是在未办理采伐许可手续的情况下实施的。

根据上述情况可以得出结论的是,胡某某明知自己和交易各方均无林木采伐许可证,仍在他人帮助下组织工人采伐野生香樟树,具有非法采伐国家重点保护植物的主观故意和客观行为。

三、专家建议

1. 法律法规宣传

非法采伐、毁坏国家重点保护植物罪的犯罪对象为珍贵树木或者国家重点保护的其他植物。根据2020年《最高人民法院、最高人民检察院关于适用〈中华人民共和国刑法〉第三百四十四条有关问题的批复》，古树名木以及列入《国家重点保护野生植物名录》的野生植物，属于《刑法》第三百四十四条规定的"珍贵树木或者国家重点保护的其他植物"。

然而，这些珍贵树木或者国家重点保护的其他植物，通常都不为大众所熟知。与保护大熊猫、白鱀豚、金丝猴等国家保护动物相比，珍贵树木和国家重点保护植物通常也不为人所提及。在刑事案件的评价中，违法性认识通常并不作为阻却犯罪的法定条件，不排除在无知、不熟悉等情况下出现误采、误伐行为。由此，应当提高公众对非法采伐珍贵树木、国家重点保护植物对象的认识，加强法律法规宣传，让大众知晓"什么树能砍，什么树不能砍，砍什么犯法，砍什么不犯法"。比如，可以通过各种渠道，如媒体、宣传册、讲座等，向公众普及相关法律法规，强调非法采伐的危害性和法律责任，引导公众树立正确的生态保护意识。

2. 植物保护知识普及

非法采伐、毁坏国家重点保护植物的犯罪行为具有严重的社会危害性，对于生态平衡、自然环境和动植物的保护，不能仅从种植、造林等增量视角努力，还应从减少破坏、防范盗采等存量视角开展保护。普及依法保护国家重点植物的意识，提高民众提早发现、提早预防、及时制止非法采伐行为发生，换言之，使社会公众在未然的角度，提高监督、防范和管控的能力，形成更为严密、高效的植物保护管控体系，显得比动用刑法进行威慑、惩罚要更加有意义。毕竟，通过刑法的事后打击解决行为的违法性问题，终究是被动、滞后的，甚至是在珍贵树木、国家重点植物已经死亡以后，于保护而言未免太过遗憾。由此，开展植物保护教育工作，将保护措施提前，这是非常必要的。

四、关联法条

《中华人民共和国刑法》第三百四十四条；《最高人民法院关于审理破坏森林资源刑事案件具体应用法律若干问题的解释》第一条；《最高人民法院、最高人民检察院关于适用〈中华人民共和国刑法〉第三百四十四条有关问题的批复》。

制毒被判死刑，新精神活性物质为何物

区别于传统毒品、合成毒品，新精神活性物质，又称"策划药"或"实验室毒品"，是不法分子为逃避打击而对管制毒品进行化学结构修饰得到的毒品类似物，具有与管制毒品相似或更强的兴奋、致幻、麻醉等效果，已成为继传统毒品、合成毒品后全球流行的第三代毒品。可惜的是，许多普通公民对新精神活性物质的危害知之甚少。他们或许听说过冰毒、海洛因等传统毒品，但对于这些新兴的化学合成物质却缺乏足够的警觉和认识。这种信息不对称使得一些不法分子能够利用化学知识制造和销售这些毒品，而公众往往在不知不觉中成为其受害者。

一、案例简介

（一）基本案情

被告人王某系某大学化学系毕业的高才生。2014年，其从上海咸智医药科技有限公司辞职，后从网上得知3-甲基甲卡西酮在境外有需求，遂准备制造并销往境外。被告人王某邀约堂弟、被告人王某2与其一起组织生产，并租赁了某公司厂房和设备开始制造3-甲基甲卡西酮。二被告人买了硫酸、盐酸、3-甲基苯丙酮、乙酸乙酯、乙醇、甲基苯甲醛、氯化氢、溴乙烷等原材料，然后由王某提供生产方法，王某2组织人员负责具体生产，制造出大量3-甲基甲卡西酮晶体。后由于3-甲基甲卡西酮成本上升，王某开始研制生产2-甲基甲卡西酮和4-氯甲卡西酮。2015年4月，王某和王某2等人成立以王某2为法人代表的某生物科技有限公司……王某提供制造方法，王某2组织工人进行具体操作，待制造出少量4-氯甲卡西酮，王某等人将该4-氯甲卡西酮样品寄往西班牙、波兰等国家，得知有客户需求后便开始大量制造。

制造出2-甲基甲卡西酮、3-甲基甲卡西酮、4-氯甲卡西酮后，王某通过网上与国外买家联系好交易数量、交易金额、交易方法后，由伍某某负责联系上海、深圳等国际物流公司，再由王某、王某2、伍某某等人将毒品通过快递公司发往上海和深圳等国际物流公司，为防止被查找到，发送快递时将毒品进行伪装，使用假发件人姓名、电话、地址，通过国际物流将毒品走私、贩卖至境外荷兰、波兰、西班牙等国家，并用陈某某、王某某等人的银行账户与境外买家进行资金转账。[1]

（二）法院裁决

一审法院认为，被告人王某违反国家毒品管制法规，制造毒品并向境外走私、贩卖毒品，其行为均构成走私、贩卖、制造毒品罪，判决被告人王某犯走私、贩卖、制造毒品罪，判处死刑，缓期2年执行，剥夺政治权利终身，并处没收个人全部财产。

二、以案说法

王某走私、贩卖、制造毒品一案中涉及的化学品共有6种，分别为对氯苯丙酮甲胺盐酸盐、间甲基苯丙酮甲胺盐酸盐、3-甲基甲卡西酮、对氯甲卡西酮、2-甲基甲卡西酮、4-氯甲卡西酮、

---

[1] 详见（2017）鄂11刑初29号刑事判决书。

这些化学品并非刑法上明确列举的毒品种类，因此在实践中是否应当认定为毒品，如何判断被告人主观上是否明知上述化学品为毒品是本案的重点。

（一）涉案甲卡西酮是否为毒品

根据《中华人民共和国刑法》（以下简称《刑法》）第三百五十七条的规定：毒品是指鸦片、海洛因、甲基苯丙胺（冰毒）、吗啡、大麻、可卡因以及国家规定管制的其他能够使人形成瘾癖的麻醉药品和精神药品。国家规定管制的能够使人形成瘾癖的麻醉药品或者精神药品通常又被称为新精神活性物质。因此，在判断某种化学品是否构成《刑法》意义上的毒品，还需要重点关注《非药用类麻醉药品和精神药品列管办法》《非药用类精神药品与麻醉药品名录》《非药用类麻醉药品和精神药品管制品种增补目录》等法律规定。2015年10月1日，2-甲基甲卡西酮、3-甲基甲卡西酮、4-氯甲卡西酮均被列入《非药用类麻醉药品和精神药品管制品种增补目录》。因此，本案在2015年10月1日之后走私、贩卖、制造的毒品可以认定为《刑法》第三百五十七条规定的毒品。

（二）如何认定被告人明知涉案化学品为毒品

被告人王某曾辩解，其不知道3-甲基甲卡西酮、4-氯甲卡西酮已经被列管，只是听说可能被列管，从未看到过列管的官方文件。邮件中所述的被列管、高风险等，不过是为了跟对方抬价。采用伪装的身份信息、地址，一是为了避免风险，二是因为离职前签订了保密合同、竞业禁止等文件。但这种说法和其书面供述前后不一，且没有其他证据进行印证，并未被法院采信。

一审法院认为，王某在侦查阶段供述，在网上看见有人提到4-氯甲卡西酮在中国已不能生产了，且境外买家告知其2-甲基甲卡西酮、3-甲基甲卡西酮、4-氯甲卡西酮已被国家管制。该供述与其和境外买家之间的交易电子邮件内容一致，同时亦与其故意采取伪报、伪装、填写虚假身份信息、地址、联系方式进行托运、走私毒品和冒用他人身份信息收取毒资的行为相印证。故王某在2015年10月明知其制造的化学产品属于国家管制毒品的事实清楚，证据确实充分，足以认定。

三、专家建议

本案第一被告是某大学化学系高才生，独立成立医药公司研制新型化学品，既有一定的组织能力，又具有较强的专业能力，但由于其法律意识淡薄，被列管化学药品的销售利益引诱，走上了犯罪的路，最终毁了一生，造成家庭支离破碎。对此，高校不仅需要重视对学生的专业知识技能培养，还应当重视对学生的法律意识培养，企业家和个人在工作环境中遇到法律风险时，也应当及时咨询专业律师，准确判断行为是否合法，避免自身法律风险。

四、关联法条

《中华人民共和国刑法》第二百四十七条、第三百五十七条；《全国法院毒品犯罪审判工作座谈会纪要》第二部分第（七）项；《非药用类麻醉药品和精神药品列管办法》;《非药用类精神药品与麻醉药品名录》;《非药用类麻醉药品和精神药品管制品种增补目录》。

六、贪污贿赂罪

没有获得非法财物，为什么仍是受贿

在贪污、贿赂等经济犯罪中，人们往往认为，拿了钱、收了钱，才有可能构成犯罪。只要没拿钱，就上升不到违法犯罪的层面。但实际上，在刑事法律领域，还存在着共同犯罪的特殊情况。在共同犯罪中，根据"共同行为、共同责任"的原则，即使参与共同犯罪的部分行为人未能实际获利，但只要其他共同犯罪人获得了非法利益，没有获利或者获利很少的行为人也要就全部违法所得承担刑事责任。

一、案例简介

（一）基本案情

2010年至2012年间，被告人王某某担任某市某区市政管委会招标工作负责人。张某1系其直接领导，时任该市政管委会主任。张某2系张某1的亲属，不具有国家机关工作人员身份。在某工程项目招投标工作中，王某某依照张某1的指示，利用其职务便利，接受张某3的请托，为张某3承揽、中标相关工程项目提供帮助，并先后两次帮张某1、张某2接受张某3给予的现金人民币300万元。涉案赃款由张某1、张某2获得，王某某未分得任何赃款。[①]

[①] 详情可参见（2023）京01刑初20号刑事判决书。

（二）法院裁决

一审法院认为，被告人王某某身为国家工作人员，伙同其他国家工作人员，利用各自职务便利，为他人谋取利益，非法收受他人财物，已构成受贿罪，且受贿数额特别巨大，依法应予惩处。被告人王某某在共同犯罪中系从犯，依法予以减轻处罚；其到案后如实供述犯罪事实，自愿认罪认罚，依法对其予以从宽处罚。最终，以受贿罪判处被告人王某某有期徒刑5年，并处罚金人民币30万元。

二、以案说法

受贿罪，是指国家工作人员利用职务上的便利，索取他人财物的，或者非法收受他人财物，为他人谋取利益的行为。

（一）共同犯罪情形下，如何认定受贿金额

关于共同受贿案件中受贿数额的认定问题在司法实践中存在着较大的争议。对此，最高人民法院研究室经研究认为："作为原则，对于共同受贿犯罪，应当根据各名被告人参与或者组织、指挥的共同犯罪数额量刑；作为例外，对于难以区分主从犯的受贿共犯，行贿人的贿赂款分别或者明确送给多人，且按照个人实际所得数额处罚更能实现罪责刑相适应的，可以按照其个人所得数额处罚。"

本案中，王某某明知张某3的请托事项，仍按照张某1的指示，在项目资格预审及评标环节中与专家提前打招呼，以确保张某3的公司能够顺利中标，王某某与张某1构成共同犯罪，应以张某1收取的300万元贿赂款作为共同犯罪数额；同时，王某某在本案中未从中获利，其所起作用与张某1相比较能够明确区分主犯、从犯，故本案认定王某某的犯罪数额为300万元，并以此

确定量刑档。

(二)受贿罪处罚

根据《中华人民共和国刑法》第三百八十六条、第三百八十三条,以及《最高人民法院、最高人民检察院关于办理贪污贿赂刑事案件适用法律若干问题的解释》之规定,对于受贿罪,根据受贿所得数额及情节,依据下列规定处罚:

1. 受贿数额较大(受贿数额3万元以上不满20万元的)或有其他较重情节的,处3年以下有期徒刑或者拘役,并处罚金。行为人在提起公诉前如实供述自己罪行、真诚悔罪、积极退赃,避免、减少损害结果发生的,可以从轻、减轻或者免除处罚。

2. 受贿数额巨大(受贿数额20万元以上不满300万元的)或有其他严重情节的,处3年以上10年以下有期徒刑,并处罚金或者没收财产。行为人在提起公诉前如实供述自己罪行、真诚悔罪、积极退赃,避免、减少损害结果发生的,可以从轻处罚。

3. 受贿数额特别巨大(受贿数额300万元以上)或有其他特别严重情节的,处10年以上有期徒刑或者无期徒刑,并处罚金或者没收财产;受贿罪数额特别巨大,并使国家和人民利益遭受特别重大损失的,被判处死刑缓期执行的,人民法院根据犯罪情节等情况可以同时决定在其死刑缓期执行2年期满依法减为无期徒刑后,终身监禁,不得减刑、假释。行为人在提起公诉前如实供述自己罪行、真诚悔罪、积极退赃,避免、减少损害结果发生的,可以从轻处罚。

4. 受贿数额特别巨大,犯罪情节特别严重、社会影响特别恶劣、给国家和人民利益造成特别重大损失的,可以判处死刑。对于符合判处死刑的情形,根据犯罪情节等情况可以判处死刑缓期2年执行,同时裁判决定在其死刑缓期执行2年期满依法减为无期徒刑后，终身监禁，不得减刑、假释。

本案中，被告人王某某受贿罪数额为300万元，属于受贿数额特别巨大，应在有期徒刑10年以上量刑，因其具有从犯、如实供述、认罪认罚等从轻、减轻的量刑情节，最终一审法院判处其有期徒刑5年。

三、专家建议

权力是把"双刃剑"，很可能被其反伤，国家机关工作人员、党员干部等必须时刻保持清醒、敬畏权力、坚守底线，做到言行合法度、办事合法规。万万不可为了一己私利，无原则、无底线地接受他人请托或盲目听从领导安排，否则，很可能会在权力和贪欲的"沼泽"中越陷越深、无法自拔。

四、关联法条

《中华人民共和国刑法》第三百八十五条、第三百八十六条、第三百八十三条、第二十五条、第二十七条；《最高人民法院、最高人民检察院关于办理贪污贿赂刑事案件适用法律若干问题的解释》第一条至第四条、第十九条。

利用自己的影响力也可能构成犯罪

利用影响力受贿罪，是2009年《中华人民共和国刑法修正案（七）》新增罪名，是指国家工作人员的近亲属或者其他与该国家工作人员关系密切的人，通过该国家工作人员职务上的行为，或者利用该国家工作人员职权或者地位形成的便利条件，通过其他国家工作人员职务上的行为，为请托人谋取不正当利益，索取请托人财物或者收受请托人财物。利用影响力受贿罪行为人的利用行为有双重性，即先利用了国家工作人员或者自己（主要指离职的国家工作人员）对其他国家工作人员的影响，进而又利用了其他国家工作人员的职权行为。

一、案例简介

（一）基本案情

1992年至2011年，被告人乔某志为张某才担任司机。2009年至2016年，被告人乔某志利用其是张某才司机的身份，通过向时任某煤炭实业集团有限公司董事长贺某、李某打招呼的方式，为付某承揽了多项工程。在上述工程招投标中，付某均采取了陪标的不正当竞争手段，中标工程价共计约3.6亿元。

（二）法院判决

法院认为，被告人乔某志作为国家工作人员的司机与其关系密切，利用国家工作人员职权或者地位形成的便利条件，通过其他国家工作人员职务上的行为,帮助请托人谋取不正当利益,收受贿赂数额特别巨大,其行为构成利用影响力受贿罪。鉴于被告人乔某志如实供述自己的罪行,认罪认罚,可以从轻处罚;案发后,被告人家属退缴赃款 3758308 元,对被告人可酌情从轻处罚。故判决:被告人乔某志犯利用影响力受贿罪,判处有期徒刑 7 年,并处罚金人民币 50 万元;扣押在案赃款人民币 3758308 元,予以没收,上缴国库;继续追缴涉案赃款产生的收益,予以没收,上缴国库。

二、以案说法

(一)利用影响力受贿罪的主体范围

利用影响力受贿罪的主体是国家工作人员的近亲属或者其他与该国家工作人员关系密切的人,及离职的国家工作人员或者其近亲属以及其他与其关系密切的人。

首先,关于近亲属的界定。关于"近亲属"的范围,根据《中华人民共和国刑事诉讼法》第八十二条规定的近亲属包括:夫、妻、父、母、子、女、同胞兄弟姐妹。只要与该国家工作人员(离职的国家工作人员)存在上述关系的,可以界定为其近亲属。具备该罪的主体资格。

其次,关于其他关系密切的人。《关于办理受贿刑事案件适用法律基本问题的意见》中有"特定关系人"的规定,即包括与国家工作人员有近亲属、情妇以及其他共同利益的人。法律本身并没有界定"关系密切人"的内涵和外延,而"关系密切"的判断和认定,应基于其与某国家工作人员的特定关系,是否足以影响该国家工作人员的职务决定或利用该国家工作人员的影响力,能够让其他国家工作人员为其服务,即为请托人谋取不正当利益。

最后，是离职的国家工作人员。利用影响力受贿罪所规制的是国家工作人员在离职以后，该工作人员凭借其在职时的影响力，索取或收受请托人财物，为其谋取不正当利益的情况。

本案中乔某志作为国家工作人员的司机与其关系密切，利用国家工作人员职权或者地位形成的便利条件，通过其他国家工作人员职务上的行为，帮助请托人谋取不正当利益，属于影响力受贿罪的主体。

（二）关于利用职权或地位形成的便利条件的理解和把握

"利用职权或地位形成的便利条件"的认定，根据最高人民法院《全国法院审理经济犯罪案件工作座谈会纪要》（法发〔2003〕167号），《中华人民共和国刑法》第三百八十八条规定的"利用本人职权或者地位形成的便利条件"，是指行为人与被其利用的国家工作人员之间在职务上虽然没有隶属、制约关系，但是行为人利用了本人职权或者地位产生的影响和一定的工作联系，如单位内不同部门的国家工作人员之间、上下级单位没有职务上隶属、制约关系的国家工作人员之间、有工作联系的不同单位的国家工作人员之间等。

本案中，乔某志作为国家工作人员的司机，利用了其工作联系，构成利用职权或地位形成的便利条件。

（三）主观具有为请托人谋取不正当利益的意图

本案一审辩护人提出，被告人主观上没有为请托人谋取不正当利益的意图。经查，结合被告人供述、证人证言、涉案工程招投标材料、购房款票据、建房及装修款票据、银行账户交易记录、到案经过等证据相互印证证实，被告人与付某事先约定好处费，利用其担任张某才的司机并利用张某才的职权和地位形成的便利条件，通过找人安排为请托人承揽工程，帮助请托人违规中标，被告人主观上具有为他人谋取不正当利益的主观故意。

三、专家建议

作为张某才的司机,乔某志没能守住自己的道德底线,且丧失法律意识,帮助请托人谋取不正当利益,收受巨额贿赂。在乔某志的所作所为中,张某才司机的身份为乔某志带来了实实在在的非权力性影响力,而张某才职权、地位所带来的权力性影响力更是发挥了关键性作用。利用影响力受贿案件频发,折射出部分公职人员修身不严、家风不正等问题。要防范这一问题,一方面要对公职人员加强理想信念和廉洁自律教育,并督促有关单位扎紧规范权力运行的笼子;另一方面要引导公职人员注重家风建设,不仅自己要做到"公烛无私光",也要从细微处严格约束家属和身边的工作人员,推动形成党风正家风淳的良好局面。

四、关联法条

《中华人民共和国刑法》第三百八十八条;《最高人民法院、最高人民检察院关于办理贪污贿赂刑事案件适用法律若干问题的解释》第十条。

单位行贿同样受处罚

2024年3月1日起施行的《中华人民共和国刑法修正案（十二）》在《中华人民共和国刑法修正案（九）》的基础上对行贿犯罪又一次作出重要修改，其中包括调整单位行贿罪的刑罚。单位行贿罪，是指单位为谋取不正当利益而行贿，或者违反国家规定，给予国家工作人员以回扣、手续费，情节严重的。司法实践中常见的单位行贿行为主要有：经单位研究决定的由有关人员实施的行贿行为；经单位主管人员批准，由有关人员实施的行贿行为；单位主管人员以法定代表人的身份实施的行贿行为。

一、案例简介

（一）基本案情

某建筑工程有限公司（以下简称某建筑公司）成立于2001年12月，被告人卢某华出资608万元，胡某昌出资10万元，卢某华为法定代表人、董事长；2011年11月，公司名称变更为某建设集团有限公司（以下简称某建设公司），股东出资变更为卢某华3008万元、胡某昌10万元。某房地产开发有限公司（以下简称某房地产公司）成立于2003年6月，卢某华出资80万元，其妻吴某贞出资120万元，法定代表人为吴某贞，卢某华为实际控制人。2002年至2014年间，在经营开发永定县泰华大厦、永定县古镇安置房等工程项目中，为在工程承揽、容积率调整、工程验收等方面谋取不正当利益,卢某华未经单位集体研究决定,以个人款项先后向永定县多位领导行贿,共计342.99万元。被告人卢某华在纪检监察机关调查期间,主动交代了办案机关尚未掌握的大部分犯罪事实,其家属在审查起诉期间代为退赃200万元。

(二)法院判决

1. 一审判决

一审法院认为,被告人卢某华为谋取不正当利益,多次给予多名国家工作人员财物,共计342.99万元,构成行贿罪,且属情节特别严重。对于辩护人提出的本案属单位行贿的意见,被告人卢某华为谋取不正当利益,以其个人意志向国家工作人员行贿,而非经公司决策机构授权或同意,不符合单位行贿罪的构成要件,该辩护意见不予支持。被告人卢某华在被追诉之前如实供述,并主动交代办案机关尚未掌握的大部分同种犯罪事实,对其减轻处罚,在法定量刑幅度的下一个量刑幅度,即5年以上10年以下有期徒刑的幅度内量刑。故判决:被告人卢某华犯行贿罪,判处有期徒刑5年3个月。

2. 二审判决

二审法院认为,卢某华身为某建筑公司、某建设公司、某房地产公司的负责人,为公司谋取不正当利益,向国家工作人员行贿,其行为构成单位行贿罪,且属情节严重。原判定性错误,应予纠正。原公诉机关未指控单位行贿,并不影响按照单位行贿罪中直接负责的主管人员对卢某华追究刑事责任。故改判卢某华犯单位行贿罪,判处有期徒刑3年7个月,对扣押在案的赃款200万元予以没收,上缴国库。[1]

---

[1] 详情可参见(2017)闽08刑终258号刑事判决书。

二、以案说法

（一）主体要件方面

《中华人民共和国刑法》（以下简称《刑法》）第三十条规定："公司、企业、事业单位、机关、团体实施的危害社会的行为，法律规定为单位犯罪的，应当负刑事责任。"最高人民法院《关于审理单位犯罪案件具体应用法律有关问题的解释》（以下简称《单位犯罪案件解释》）第一条规定："《刑法》第三十条规定的公司、企业、事业单位，既包括国有、集体所有的公司、企业、事业单位，也包括依法设立的合资经营、合作经营企业和具有法人资格的独资、私营等公司、企业、事业单位。"上述规定，概括地列明了单位犯罪主体的五种类型，进一步界定了公司、企业、事业单位的范围，但没有对作为单位犯罪主体的单位的内涵予以明确。实践中，对于一些组织能否视为刑法中的单位，能否认定为单位犯罪，往往引起争议。

判断是否符合单位犯罪主体之要件，关键应考察公司是否具备合法性、组织性、独立性，是否具备独立人格，是否存在公司和股东之间因财产、业务等原因导致人格混同的情况，是否具有独立的经费或财产、能够独立承担刑事责任。如果出现上述不符合单位形式或实质条件的情况，虽有公司之名，也不能作为单位犯罪处理，否则，将有违单位犯罪处罚的前提，而且会放纵犯罪，有损刑法的正义性。而基于公司财产及人格具有独立性的特征，其法人资格并不因其股东出资比例大小以及是否为家庭出资而改变，也不会因谁为公司的实际决策权人而改变。即公司的股权结构，以及是否为某一自然人股东所实际控制，不影响单位犯罪主体的认定。因此本案中的"夫妻公司"以及一人所实际控制的公司不影响认定为单位犯罪主体。

（二）意志要件方面

行贿犯罪是否反映单位意志是单位行贿罪和行贿罪的重要区别。单位行贿罪的主观故意是单位意志的体现，而行贿罪的故意是自然人个人意志的体现。本案中，卢某华的行贿行为未经公司集体研究决定，其在侦查阶段供称行贿行为是其个人决定，未与公司其他股东商议。但卢某华是某建筑公司和某建设公司的法定代表人，是某房地产公司的实际控制人，且从上述公司运行情况看，卢某华为公司的实际决策权人，其行贿是为了公司在工程承揽、验收等方面追求经济利益，其行为不违背公司的根本宗旨，应认定为代表单位意志。

（三）利益归属方面

违法所得归属是区分单位犯罪和自然人犯罪的本质点。《刑法》第三百九十三条规定，"因行贿取得违法所得归个人所有的"，依照刑法关于行贿罪的规定定罪处罚。《单位犯罪案件解释》第三条亦规定："盗用单位名义实施犯罪，违法所得由实施犯罪的个人私分的，依照刑法有关自然人犯罪的规定定罪处罚。"上述规定均表明，犯罪所得归属应成为区分单位犯罪和自然人犯罪的本质所在，亦即，为个人谋取不正当利益的是行贿；为单位谋取不正当利益的是单位行贿。

三、专家建议

实践中，与受贿案件相比，仍然存在对行贿惩处偏弱的情况，行贿案件立案、查处的比例仍然较低。实践中，一些行贿人以单位名义行贿，规避处罚，导致案件处理不平衡，各方面反映单位行贿惩处力度不足，《刑法》因此作了相应修改：单位为谋取不正当利益而行贿,或者违反国家规定,给予国家工作人员以回扣、手续费,情节严重的,对单位判处罚金,并对其直接负责的主管人员和其他直接责任人员,处3年以下有期徒刑或者拘役,并处罚金;情节特别严重的,处3年以上10年以下有期徒刑,并处罚金。因行贿取得的违法所得归个人所有的,依照本法第三百八十九条、第三百九十条的规定定罪处罚。

四、关联法条

《中华人民共和国刑法》第三百九十三条。

私分国有资产？还是共同贪污？

私分国有资产罪是 1997 年《中华人民共和国刑法》（以下简称《刑法》）从贪污罪中分立出来新增的一个罪名。一方面，立法主要解决的是在国有企业改制过程中国有资产流失严重的问题；另一方面，相较于贪污罪而言，本罪的犯罪构成与贪污罪有所不同，更有效地针对私分国有资产的行为，避免处罚过重或过轻，甚至将私分行为仅作为违反财经纪律或财政法规处理，致使犯罪行为得不到应有的惩罚。但由于私分国有资产罪脱胎于贪污罪，二者在表现形式上有很多竞合之处，特别是在多人非法侵占国有资产的情形下，是认定为共同贪污还是集体私分有时容易产生困惑。

一、案例简介

（一）基本案情

被告人王某某、姚某某于 2002 年至 2005 年初，在分别担任国有企业上海市食品进出口国际货运公司（以下简称"国际货运公司"）经理、财务人员期间，在该公司 2002 年至 2004 年连续三年经营亏损，按照上级公司上海市食品进出口公司（以下简称"食品进出口公司"）《关于试行公司内部经营预算管理的若干办法》等有关考核规定，无资格向上级公司申请批准发放奖金的情况下，仍由王某某指使姚某某对经营收入与成本不作配比，将部分当年成本延后至下一财务年度入账,人为抬高收入,虚列利润,制造假账,将账目伪造成收入与成本略有盈余,而后向食品进出口公司报送内容虚假的财务报表,并由王某某申请骗得食品进出口公司批准,获得国际货运公司半年奖、年终奖发放额度,并且实际超过食品进出口公司核准的工资奖金总额和账面登载的奖金列支数额,由姚某某从该公司开户银行企业基本账户中将国际货运公司的流动资金提现共计人民币1089700元转存于户名为黄某某的交通银行个人活期储蓄账户内。嗣后,王某某、姚某某以给该公司职工发放半年奖和年终奖的名义对上述公款进行集体私分。其中,王某某、姚某某个人分别实得人民币157000元和99000元。在被告人王某某个人实得的157000元中,有27000元系其故意隐瞒其已在上级公司领取过半年奖和上级公司总经理批给其个人的年终奖数额,擅自为自己重复列支领取半年奖,超过上级领导实际批准数额,为自己开列领取年终奖所得。[1]

(二)法院裁决

1. 一审判决

一审法院认定被告人王某某、姚某某身为国有企业直接负责的主管人员和直接责任人员,违反国家规定,利用职务便利,采用制作假账的方式虚报利润,以单位名义将国有资产集体私分给个人,数额巨大,且造成企业注册资金缩减,致使国有资产流失,构成私分国有资产罪。公诉机关指控王某某贪污27000元的行为和其指控王某某私分国有资产的行为实为一个行为,王某某仅仅隐瞒了其向上级公司领取了半年奖或上级公司核准其在国际货运公司领取的年终奖数额低于其从国际货运公司实际领取的数

---

[1] 详情可参见(2006)沪二中刑终字第504号。

额这一事实，其余事实，如其从国际货运公司实际领取的奖金数额，其并没有向国际货运公司隐瞒，故其行为尚不能构成贪污罪，但该27000元应计入其私分国有资产的犯罪数额。被告人王某某、姚某某均系自首，可以减轻处罚。作出判决：被告人王某某犯私分国有资产罪，判处有期徒刑2年，并处罚金人民币5万元。被告人姚某某犯私分国有资产罪，判处有期徒刑1年，缓刑1年，并处罚金人民币3万元。私分的国有资产予以追缴发还给上海市食品进出口国际货运公司。

2. 终审判决

二审法院认为，原审判决认定，原判认定事实清楚，定罪量刑并无不当，审判程序合法，依照《中华人民共和国刑事诉讼法》第一百八十九条第（一）项之规定，驳回上诉，维持原判。

二、以案说法

（一）私分国有资产罪与贪污罪的主观故意

《刑法》对于两罪的法定刑轻重不同，主要原因就在于两种犯罪的主观恶性存在显著差异，即私分国有资产罪是有权决定者利用职权便利非法为"大家"谋利益，其主观恶性相对较轻；贪污罪则是有权决定者利用职权便利单纯为自己或极少数人谋私利，其主观恶性较重。

不同于贪污罪的个人故意，为了个人的私利而占有公共财产，私分国有资产罪则是单位集体意志支配下的故意，体现的是单位的整体意志，即便是只有单位部分人的意愿和决策，只要能将其上升为单位的意志，便符合该罪的主观故意。在实际生产管理过程中，大部分员工是没有决策权和表决权的，而权利往往集中于少部分人手中，只要决策者和表决人符合单位的程序外观，也符合单位决定的条件。虽然从本质上看，即便是上升为单位意志的私分行为，该行为也是源于自然人的个人意志的总和，两罪均属国家工作人员利用职务便利实施的化公为私、损公肥私，以非法占有为目的的故意犯罪。

结合本案而言，王某某、姚某某身为国有企业直接负责的主管人员和直接责任人员，作为单位的核心领导人员二人作出的决策代表了单位的意志，不论参与决策的人员多少，只要私分体现的是单位意志，就符合"以单位名义"私分的条件。

（二）私分国有资产罪与贪污罪的客观表现

相对于贪污罪采用侵吞、盗取等相对秘密的行为而言，私分国有资产罪的手段具有公开性，主要表现在单位内部：私分行为为单位内部大多数员工能够得知。虽然行为人为套取国有资产，有时也会采取隐瞒、欺骗等违规手段，而这对上级单位或主管部门而言则具有隐蔽性，但行为人采取此种手段的目的是使其获取国有财产的行为具有"合法"的外观，因此这并不影响私分国有资产罪的成立。结合本案，王某某、姚某某采用制作假账的方式虚报利润骗取国有资产，该手段存在隐蔽性，但行为人对于后续私分行为并没有采取隐蔽性的方式，而是以给该公司职工发放半年奖和年终奖的名义对上述公款进行集体私分，该行为并不具备隐蔽性的目的，因此法院认定其构成国有资产罪而不是贪污罪合理。

私分国有资产罪带有受众范围广的特点，但不能简单地只考虑人数或比例，贪污罪的非法获利对象仅存在于贪污者内部，而私分国有资产罪不仅在有权决策者之间，还包括决策者外部人员，即不具有决策权的单位员工，同时要结合有权决策人的主观动机综合分析。本案中，行为人王某某、姚某某将从上级公司骗取的财产以单位名义分发给员工，而员工大多数属于不具有决策权的不知情人员，也并未实施向上级单位骗取财产的行为，而仅仅是获益人存在于案件中，将犯罪财产外部化而不仅仅在实施犯罪行为人员内部分配是私分国有资产罪与共同贪污行为的特征之一。

三、专家建议

私分国有资产罪与共同贪污行为易于混淆，实践中也容易产生不同的处理办法。实际上，二者在主观故意与客观行为表现方面均存在不同，在适用法律时应严格区分把握。同时，不论是私分行为还是贪污行为，均侵犯了国家公共财产，均属于刑法规定的犯罪行为，相关人员应加强法律意识，避免走上违法犯罪道路。

四、关联法条

《中华人民共和国刑法》第三百九十六条、第三百八十二条。

七、渎职罪

谨防职权滥用构成犯罪

职务行为的公正性要求公职人员基于服务所设职位的目的与宗旨，依法合理运用与行使职务权限范围之内的权力，公职人员接受人民委托行使权力，因此，公正行使权力更是其应当履行的法定义务。

一、案例简介

（一）基本案情

被告人易某某于2002年至2003年11月任某市人民政府常务副市长，主管财政、审计、监察、政府办公室和市住房公积金管理工作，并被聘任为市住房公积金管理委员会主任。其间，易某某违反住房公积金管理及证券投资相关法律、法规及市公积金管理委员会2003年4月9日全体会议、市人民政府2003年第五次常委会会议关于住房公积金只能购买一级市场国债的决定，未经市公积金管理委员会和市人民政府常务会议批准，违背市公积金管理委员会职责、议事规则，于2004年8月12日和9月22日分两次在市公积金管理中心《关于住房公积金用于委托国债投资管理的请示》及《关于住房公积金用于委托国债投资管理的请示》上签批意见，违法、违规批准，指令市住房公积金管理中心将8200万元住房公积金投入某证券有限责任公司（另案处理）进行非法委托理财。易某某在违法批准8200万元公积金给某证券公司委托理财后，没有向市委、市政府主要领导汇报，亦没有告知管委会其他委员和相关监督部门。2004年5月，相关领导通过该市审计部门及省住房公积金监管部门得知市公积金中心委托某证券公司进行投资管理的8200万元国债存在重大损失危险后，进行了组织专案组调查、追损及由市公积金中心向法院起诉等挽回损失工作，除原已收到的投资收益款370.8万元外，其他损失未能挽回。2005年8月5日，中国证监会下达《行政处罚决定书》，决定取消某证券公司证券业务许可，责令其关闭，由中国华融资产管理公司进行清算。经查，某证券公司资产总额为3.535亿余元，负债合计为35.728亿余元，净资产为–32.193亿余元，其负债率达1010.62%，依法进入破产程序。根据中国证监会、中国人民银行、财政部文件的规定，国家只对个人债权和客户证券交易结算资金进行收购，某市公积金中心8200万元资金属于机构理财，不纳入收购范围。[①]

(二) 法院裁决

法院认为，被告人易某某身为市人民政府主管公积金管理工作的常务副市长和市住房公积金管理委员会主任，违反《住房公积金管理条例》等有关法规、违反管理委员会2003年4月9日全体会议和市人民政府2003年第五次常委会会议关于"住房公积金只能购买一级市场国债"的决定，未经管理委员会、市人民政府常务会议批准，超越职权批准、指令市住房公积金管理中心将8200万元的巨额住房公积金非法委托某某证券公司理财，致使该市8469.334万元住房公积金本息不能收回，给公共财产和人民利益造成特别重大损失，其行为已构成滥用职权罪，且情节特别严

[①] 详情可参见《最高人民检察院公报》2008年第4号（总第105号）。

重。判处被告人易某某犯滥用职权罪有期徒刑6年。

二、以案说法

（一）关于本案滥用职权的客观行为分析

滥用职权行为应主要表现为职权范围内故意不正确行使职权和超越权限范围行使职权两种具体行为表现形式。

所谓超越职权是指具有国家管理权的行为人超越法律、法规或规章授权的职权范围或限度行使职权的行为。目前主流观点将超越职权的行为划分为三种情况：（1）横向越权，即行为人行使了属于其他国家机关的专有职权。（2）纵向越权，即具有上下级隶属关系的同一性质但不同级别国家机关之间的越权。（3）内部越权，即依照有关规定，某类问题应由该单位或机关通过内部民主讨论后形成决策，而行为人却独断专行，不倾听或不采纳别人意见。本案中，被告人易某某身为某市人民政府主管公积金管理工作的常务副市长和市住房公积金管理委员会主任，主管财政、审计、监察、政府办公室和市住房公积金管理工作，对于住房公积金属于其职权范围内，但其违背市公积金管理委员会职责、议事规则，违反住房公积金管理及证券投资相关法律、法规及市公积金管理委员会2003年4月9日全体会议，擅自处置住房公积金的行为属于内部越权；其次，被告人没有向市委、市政府主要领导汇报，亦没有告知管委会其他委员和相关监督部门，属于纵向越权的行为。

（二）关于本案滥用职权的主观故意分析

在犯罪主观方面，先考察被告人的认识因素，被告人对其滥用职权行为哪种心态。被告人作为国家工作人员对其职权地位以及权力范围的边界是具备清晰的认知的，因此被告人对其实施的滥用职权行为的心态是故意的不容置疑。再考察被告人的意志因素，被告人对于其所造成的结果的心态是希望发生、放任不管抑或轻信能够避免。本案中被告人虽并没有积极追求损害的发生，但对于自己违反职权的行为会发生公共财产、国家和人民利益遭受重大损失的结果，希望或者放任其发生，因此被告人在主观上是应当被追责的。

三、专家建议

实践中行为人实施滥用职权行为往往是伴随其他违法行为，即滥用职权的行为是为了"服务"其他违法行为而实施的一种手段，例如贪污犯罪，在处罚方式上一般采用"择一重罚"的方式，但也存在例外情形，如受贿罪，《最高人民检察院关于渎职侵权犯罪案件立案标准的规定》将对该种情形的处罚规定为并罚而不是"择一重罚"。

本罪的成立需要以致使公共财产、国家和人民利益遭受重大损失为结果，属于结果犯，因此需要考察行为与结果之间是否具备因果关系。

四、关联法条

《中华人民共和国刑法》第三百九十七条;《最高人民法院、最高人民检察院关于办理渎职刑事案件适用法律若干问题的解释（一）》第三条。

负责负到底，过失也酿祸

对于行使公权力的党员干部和公职人员来说，如果对于手中的工作、肩负的职责麻痹大意，慵懒无为，一旦造成严重后果，即使不贪污、不受贿，也有可能触犯纪律红线、法律底线。触犯《中华人民共和国刑法》（以下简称《刑法》）第三百九十七条玩忽职守罪，该罪是指国家机关工作人员严重不负责任，不履行或不正确地履行自己的工作职责，致使公共财产、国家和人民利益遭受重大损失的行为。

一、案例简介

（一）基本案情

2014年某市公安局某派出所接110指令，称人民医院接诊一无名男子，请求核实身份。辅警陈某随民警出警，了解到该男子系120救护车从路边救回，救回时口腔和肛门处均有血迹，情况较危险。出警人员经当场询问无法核实身份后，要求医院按相关规定进行救治后离开。3日后，该所接110指令，称一身份不明男子躺在人民医院东门处地上。该所民警孙某带领辅警陈某、褚某出警，了解到该男子即为上述无名男子，因各项指标正常被赶出医院。该男子被带至派出所后，因不能正常交流，无法查明身份，孙某经请示值班领导后安排陈某、褚某将其送救助站救助。当晚，陈某、褚某开车将该男子带至救助站附近，打开车门让其自行下车,后驾车离开。该男子行走数步后摔倒。回所后,陈某向孙某报称已将其送至救助站。次日清晨,该男子被发现双目紧闭躺在救助站门前路边,经送医院抢救,于两日后因失血性休克死亡。

(二)法院判决

人民法院经审理认为,被告人陈某、褚某系国家机关工作人员,在履行公务过程中,严重不负责任,不正确履行职责,致使人民利益遭受重大损失,其行为构成玩忽职守罪。考虑到无名男子的死亡与自身患有疾病、相关部门和人员的处置存在瑕疵等多种因素有关,结合两被告人认罪、悔罪态度,认为犯罪情节轻微,可不判处刑罚。依照刑法相关规定于2017年6月2日认定被告人陈某、褚某犯玩忽职守罪,免予刑事处罚。一审宣判后,两被告人均未提出上诉,公诉机关亦未抗诉,判决发生法律效力。[1]

二、以案说法

本案的争议焦点为以下三点:

(一)受委托代表公安机关从事公务活动的辅警系渎职犯罪的适格主体吗?

辅警一般由公安机关统一招录并与其建立劳动关系,在公安机关及人民警察的指挥、监督下从事警务辅助工作,其无独立执法权。其是否符合渎职犯罪的主体身份,应根据法律及司法解释的内在精神加以诠释。《全国人大常委会关于〈刑法〉第九章渎职罪主体适用问题的解释》规定:"虽未列入国家机关人员编制但在国家机关中从事公务的人员,在代表国家机关行使职权时,有渎职行为,构成犯罪的,依照刑法关于渎职罪的规定追究刑事责

---

[1] 详情参见(2016)苏1282刑初第154号刑事判决书。

任。"因此，对于渎职犯罪主体"国家机关工作人员"的确认，本质要件在于是否在国家机关中"从事公务"，而非是否具备形式上的编制或身份，只要是国家机关依法通过录用、聘用、委派甚至借用的途径给予一定的工作岗位并赋予一定的公务职责，都可以在渎职犯罪中以国家机关工作人员论。

（二）两被告人是否属于国家机关工作人员？

关键点在于涉案帮助公民接受救助行为是否属履行公务职责，是否必须由民警陪同。公安机关及人民警察在执行职务时对有需要的人员进行救助和帮助其接受救助的工作职责，《中华人民共和国人民警察法》和国务院相关行政法规均有明确规定，案发地亦有此类规范性文件，该职责属于公安机关的综合社会管理职能。本案中派出所将无名男子送救助的行为即属该职能，应当认定为公务行为。同时，将无名男子送至救助站接受救助并非执法性工作，亦无规定必须由具有警察身份人员实施，根据警力不足的实际，辅警可在民警安排下独自进行，其行为属代表所在公安机关履行公务行为。

（三）两被告的行为是否属于怠于履职的玩忽职守行为？

未将被救助人送至救助站并与救助站人员办理交接手续，属怠于履职的玩忽职守行为。一方面，两被告人作为派出所辅警，通过日常工作和学习对送救助时应将人员送到救助站并与救助站工作人员办理交接手续，且需提供出警记录的程序均应知晓；另一方面，对无名男子前期救治情况以及在送救助前身体状况也属明知，应尽到谨慎护送的责任。而两被告人在接受任务后，仅将无名男子送至救助站附近，让其自行下车前往，未与救助站工作人员办理交接手续即离开，且回所后还谎称已将人送达，严重不负责任。

（四）怠于履职的玩忽职守行为与被救助人死亡后果之间应作存在刑法上的因果关系

根据医疗损害鉴定意见，无名男子前期诊疗过程中无医疗过错行为，其在被送往救助站之前亦未有异常因素介入，而两被告人的玩忽职守行为却直接导致该男子病发后无人发现，丧失被及时救治的机会，同时致使最后救治的医院无法获知其前期病史，实施对症救治，最终产生该男子经抢救无效死亡后果，其行为与死亡后果之间具有条件性因果关系，且行为对该后果产生了积极性作用，两者之间可作存在刑法上的因果关系判断。综合分析本案结果产生的原因，与无名男子自身身体状况、前后医院救治不力、派出所工作人员处置不当以及两被告人玩忽职守行为等均存在因果关系，属多因一果。

三、专家建议

必须把该管的事管好、管到位，不仅做到"法无明文不可为"，而且要做到"法定职责必须为"。对于手中的工作、肩负的职责，绝不能有麻痹大意、敷衍应付的思想，更不能有慵懒无为、得过且过的态度。要始终牢记，只要手中掌握着公权力、享受着公职待遇，就必须依法严格履职尽责，做到在其位、谋其政、行其权、尽其责。只有这样，才对得起组织的信任和群众的期待。

四、关联法条

《中华人民共和国刑法》第三百九十七条；《全国人民代表大会常务委员会关于〈中华人民共和国刑法〉第九章渎职罪主体适用问题的解释》；《最高人民法院、最高人民检察院关于办理渎职刑事案件适用法律若干问题的解释（一）》第一条。

权力不可任性，徇私枉法必受制裁

徇私枉法罪是指司法工作人员徇私枉法、徇情枉法，对明知是无罪的人而使他受追诉，对明知是有罪的人而故意包庇不使他受追诉，或者在刑事审判活动中故意违背事实和法律作枉法裁判的行为。徇私枉法罪中的"徇私"包括"徇私"和"徇情"。其中徇私是指徇私利，包括金钱、财物或其他物质性或非物质性利益；其中徇情是指徇私情，包括亲情、友情、乡情、爱情或色情等。

一、案例简介

（一）基本案情

扈某某自2012年2月起任某市公安局某镇派出所所长。祝某某（已判刑）自2006年4月至2017年1月在担任某镇副镇长兼某村村书记期间，纠集部分村"两委"班子成员及社会闲散人员，以村民自治组织为依托，长期把持村级组织领导权，逐渐形成以祝某某为首的黑社会性质组织。该组织在征地拆迁过程中雇用少量社会闲散人员以打砸方式迫使村民签订拆迁协议，暴力欺压百姓。祝某某为完成拆迁工作，找到被告人扈某某，请求扈某某在拆迁工作中给予照顾。扈某某在得知参与人员携带镐把、郑某某没有签订拆迁补偿协议、祝某某等人可能构成暴力强拆的情况下，授意派出所办案人员隐瞒参与人携带镐把构成非法强拆这一重要情节，要求办案人员直接按郑某某故意伤害案对案件定性并按此方向取证成卷，并与祝某某安排部分暴力拆迁人员做虚假陈述。在形成上述案卷后，面对检察机关及法院对该案是否为强制拆迁的补充侦查时，扈某某提出在空白的拆迁补偿协议上伪造郑某某的签名。以上行为致使郑某某于2013年12月17日被法院以故意伤害罪判处有期徒刑7年3个月，而指使、参与暴力拆迁的人员未受到刑事追究。

（二）法院判决

法院认为，被告人扈某某作为司法工作人员，在履行职务的过程中，故意违背事实和法律，对明知可能无罪的人而有使他受追诉，对明知可能有罪的人而故意包庇不使他受追诉，且造成了他人被判刑的严重后果，其行为已构成徇私枉法罪。依照《中华人民共和国刑法》（以下简称《刑法》）第三百九十九条第一款、第六十七条第三款的规定，认定被告人扈某某犯徇私枉法罪，判处有期徒刑8年。

二、以案说法

就本案而言，争议问题为：本案中被告人扈某某所实施的徇私枉法罪构成情节严重还是情节特别严重，抑或是本罪的基本犯，应当在何种刑罚区间内量刑。

（一）《刑法》规定徇私枉法罪有三个量刑档次，入罪条件遵循司法解释确定的追诉标准，但也应根据个案事实、证据和造成的危害后果区分出情节程度，并处以适当的刑罚。

最高人民检察院《关于渎职侵权犯罪案件立案标准的规定》对徇私枉法行为规定了追诉标准，但《刑法》以及相关司法解释并未对本罪情节严重、情节特别严重的标准作出具体量化规定。从刑法条文以及上述司法解释的规定来看，徇私枉法罪系行为犯，只要行为人在刑事诉讼过程中实施了司法解释列举的具体行为即成立犯罪,至于行为人所追求的后果是否客观实现并不影响犯罪成立,即具体危害后果并不属于犯罪构成要件;相应地,若徇私枉法犯罪行为造成了程度不同的具体危害结果,则应当根据法律规定的加重处罚情节考量刑罚,此既符合罪刑法定原则,亦是罪责刑相适应原则的司法体现,不能以法律没有具体量化规定为由排除适用情节严重或情节特别严重的加重处罚情节,而应该根据个案的事实、证据,结合危害后果、社会影响等因素,客观评价犯罪行为造成的社会危害程度,进而准确衡量出与犯罪人的罪行相适应的刑罚。

(二)司法实践中对个案所涉情节严重程度的判断,一般应当从行为人的手段是否恶劣或很恶劣、危害后果是否严重、是否造成恶劣或极恶劣社会影响等区分来综合分析认定犯罪人的行为是构成情节严重或情节特别严重。

对加重处罚情节程度的把握,首先要考虑案件事实、证据能够证明的犯罪方式、手段、危害后果、社会影响。事实、证据和危害后果要以法律标准衡量,社会影响要了解案发区域群众的意见,常见的徇私枉法多为帮助有罪之人逃避追究刑责,少有陷害无辜之人承担刑罚情形的发生,若因行为人的徇私枉法行为致使无辜的人被追究刑事责任,或者使已经构成犯罪的人逃脱了刑事追究,或者重罪轻判、轻罪重判、被追诉人实际脱离司法机关侦控等后果,都会冲击社会公众笃信司法公正的信仰底线,上述任何一种危害后果都可以认定为情节严重。在此基础上,若行为人的徇私枉法造成他人死亡或多人重伤,或者造成重大(巨额)公私财产损失,或者造成极其恶劣社会影响,或者同一个行为造成两种以上的危害后果,引发恶劣的社会影响,则可以认定为情节特别严重。

三、专家建议

正常的司法秩序是实现司法公正的前提条件。要充分认识到徇私枉法犯罪的社会危害性，依法加大执法司法工作人员职务犯罪惩治力度，筑牢公平正义防线，维护司法公正。司法工作人员在刑事诉讼中不严格遵守司法秩序，不秉公执法，徇情、徇私枉法追诉和裁判，将会严重损害社会主义法制的尊严和公民的合法权益，有损国家机关和国家工作人员的良好形象，降低人民群众对国家机关的信任度。要筑牢思想防线，扎紧制度篱笆，坚决杜绝徇私枉法行为，规范执法司法行为，提高执法司法水平。

四、关联法条

《中华人民共和国刑法》第三百九十九条第一款；最高人民检察院《关于渎职侵权犯罪案件立案标准的规定》。

维护司法公正，杜绝枉法裁判

不管是在家庭生活领域，还是在涉及社会公共利益的领域，人们都可能遇到纠纷。纠纷有多种化解方式，有人选择坐下来协商，有人选择找调解机构或者群众自治组织居间调解，也有人选择去法院"打官司"。"打官司"，也就是诉讼，往往是百姓解决纠纷的最后途径，这也凸显了法院在化解社会纠纷中无可取代的地位——法院是守护社会公平正义的最后防线。然而，个别法官等司法工作人员并不总能守好这道最后的防线，出现了因为收受贿赂等原因故意违背事实和法律作枉法裁判的情况，破坏了司法公正。司法工作人员出于各种原因故意作枉法裁判，不仅受到道义上的谴责，还有可能构成刑事犯罪。

一、案例简介

（一）基本案情

2008年至2019年，魏某某利用其担任某市泉山区人民法院民事审判一庭审判员、副庭长的职务之便，为王某甲、孙某甲、李某甲、赵某乙、武某、孙某乙、王某乙、周某等人在案件审理方面谋取利益；魏某某还利用本人职权地位形成的便利条件，通过其他国家工作人员职务上的行为，为杜某、施某、周某等人在案件审理、案件执行等方面谋取不正当利益。2009年2月至2019年9月间，魏某某非法收受上述请托人员贿赂的财物折合人民币共计

622888.8元。

2014年，魏某某担任某市泉山区人民法院民事审判一庭审判员，审理了原告单某某诉被告孙某某、某保险股份有限公司徐州中心支公司机动车交通事故责任纠纷一案。案件审理过程中，魏某某非法收受单某某儿子单某通过厉某贿赂的人民币5000元，且多次接受单某吃请并指导其取证。2014年6月5日，魏某某明知单某等人提供的用工合同、工资单、停发工资证明等证据材料系伪造，仍然予以采信，并据此作出民事判决，原告单某某多获得伤残赔偿金及误工费共计人民币150000余元。

（二）法院判决

魏某某身为国家工作人员，利用职务上的便利，为他人谋取利益，以及利用本人职权、地位形成的便利条件，通过其他国家工作人员职务上的行为，为他人谋取不正当利益，非法收受他人财物，数额巨大，其行为已构成受贿罪。魏某某在民事审判活动中故意违背事实和法律作枉法裁判，情节严重，其行为已构成民事枉法裁判罪。魏某某犯数罪，应当数罪并罚。鉴于魏某某在民事枉法裁判罪中具有自首情节，在受贿罪中具有坦白情节，自愿认罪认罚，积极退出全部赃款，依法对其予以从轻处罚。判决如下：（1）魏某某犯受贿罪，判处有期徒刑4年，并处罚金人民币20万元；犯民事枉法裁判罪，判处有期徒刑1年，决定执行有期徒刑4年6个月，并处罚金人民币20万元；（2）魏某某退缴的违法所得人民币627888.8元予以没收，上缴国库。

宣判后，被告人魏某某未上诉，检察机关亦未抗诉。判决已发生法律效力。[①]

[①] 详见（2020）苏0302刑初70号判决书。

二、以案说法

《中华人民共和国刑法》第三百九十九条第二款规定了民事、行政枉法裁判罪，该条规定：在民事、行政审判活动中故意违背事实和法律作枉法裁判，情节严重的，处5年以下有期徒刑或者拘役；情节特别严重的，处5年以上10年以下有期徒刑。

民事、行政枉法裁判罪属于司法渎职犯罪的一种，是专门调整民事、行政审判活动中司法人员滥用审判权的一种罪名。关于民事、行政枉法裁判罪，有以下几个方面值得关注：

（一）民事、行政枉法裁判罪的主体

本罪的主体只能是在民事、行政审判活动中负有审判职责的司法工作人员。具体而言，民事、行政枉法裁判罪的主体包括各级人民法院和专门人民法院的院长、副院长、审判委员会委员、庭长、副庭长、审判员和助理审判员。本案中，魏某某担任某市泉山区人民法院民事审判一庭审判员、副庭长，属于该罪的适格主体。

（二）关于"民事、行政审判活动"

本罪的"民事、行政审判活动"应当作一般解释。《中华人民共和国民事诉讼法》（以下简称《民事诉讼法》）第三条规定，"人民法院受理公民之间、法人之间、其他组织之间以及他们相互之间因财产关系和人身关系提起的民事诉讼，适用本法的规定"。《中华人民共和国行政诉讼法》第二条规定，"公民、法人或者其他组织认为行政机关和行政机关工作人员的行政行为侵犯其合法权益，有权依照本法向人民法院提起诉讼"。因此，本罪的民事、行政审判活动是指司法人员依照民事诉讼法或行政诉讼法对民事或行政案件进行审理和裁判的职权活动。从三大诉讼领域讲，此处的民事、行政审判活动即指除刑事诉讼以外的审判活动。就民事审判活动而言，除一般民事案件外，还包括商事案件以及海事案件等的审判活动。

（三）关于"违背事实和法律作枉法裁判"

本罪的行为是"作枉法裁判"，手段是"违背事实和法律"。一般情况下，"违背事实和法律"是以作为的方式进行，但也可以不作为的方式进行，如审判人员依法应当取证而故意不取证、应当开庭审理而故意不开庭等导致枉法裁判。

违背"事实"与违背"法律"属选择关系，不需同时具备。《民事诉讼法》第七条规定，"人民法院审理民事案件，必须以事实为根据，以法律为准绳"。依法准确认定案件事实是审判人员的法定职责，从本质上讲，对事实的违背同时也是对法律的违背，仅违背事实或法律，或者既违背事实又违背法律，均不影响裁判的"枉法"属性。违背事实，通常表现为对没有证据证明或证据不足的事实予以认定、对证据充分的事实不予认定、证据证明的事实与认定的事实明显不符等。

本罪的"裁判"应当作相对广义解释，即人民法院作出的对民事、行政案件具有终结意义的评价和处理方式。因此，"裁判"不应仅限于裁定和判决，还包括调解、支付令等法律规定的所有结案方式。但对案件不具有终结意义的裁定、决定等不在此列。

三、专家建议

公正司法作为最后一道防线，对维护社会公平正义具有重要引领作用。所谓公正司法，就是受到侵害的权利一定会得到保护和救济，违法犯罪活动一定要受到制裁和惩罚。在法治的各环节中，司法决定具有终局性的作用，权利的最终救济、纠纷的最终解决是在司法环节。一旦这道防线被冲破,出现司法不公现象,就会对社会公平正义带来致命破坏。

通过案例和相关法条可以看到,犯民事、行政枉法裁判罪的审判人可能被判处有期徒刑或者拘役;如果同时犯受贿罪,还可能面临更重的刑事责任。

四、关联法条

《中华人民共和国刑法》第三百九十九条第二款。